Mitarbeiterbindung in der Arbeitswelt 4.0

Warum Manager einen neuen Führungsstil brauchen

Bibliografische Information der Deutschen Nationalbibliothek:

Die Deutsche Nationalbibliothek verzeichnet diese Publikation in der Deutschen Nationalbibliografie; detaillierte bibliografische Daten sind im Internet über http://dnb.d-nb.de abrufbar.

Impressum:

Copyright © EconoBooks 2021

Ein Imprint der GRIN Publishing GmbH, München

Druck und Bindung: Books on Demand GmbH, Norderstedt, Germany

Covergestaltung: GRIN Publishing GmbH

Inhaltsverzeichnis

Abbildungsverzeichnis

1 Einleitung

1.1 Problemstellung und Relevanz der Thematik

Die Arbeitswelt unterliegt einem stetigen Wandel. Grund hierfür ist insbesondere die tiefgreifende Veränderung wirtschaftlicher und sozialer Verhältnisse durch revolutionäre Umbrüche. Die erste Industrielle Revolution wurde geprägt durch den Wechsel vom Manufakturwesen hin zur mechanisierten Herstellung. Demgegenüber ist die zweite Revolution durch die Fließbandfertigung und die damit einhergehende Massenproduktion gekennzeichnet. Durch die erstmals verstärkte Computerisierung der Maschinen wurde die dritte Industrielle Revolution bestimmt. Die gegenwärtige vierte Revolution wird analog zu ihren Vorreitern ebenfalls von dem technischen Fortschritt beeinflusst. So werden Computersensoren immer kleiner und vernetzter, weswegen stärkere Prozessoren zustande kommen. Diese wiederum ermöglichen eine höhere Rechenleistung und Speicherkapazität. Darüber hinaus bieten Netzwerke eine weltweite Kommunikation in Echtzeit. Zu den Resultaten dieser Entwicklung gehören das sogenannte *Big Data*, das *Internet der Dinge* und das *Cloud-Computing*. Sowohl im Einzelnen als auch in ihrer Gesamtheit ermöglichen sie Unternehmen völlig neue Wertschöpfungsketten, welche das Konsum- und Arbeitsverhalten verändern.[1] Zusammengefasst werden die gegenwärtigen und zukünftigen Entwicklungen im Hinblick auf die industrielle Vernetzung von Digitalisierung und Produktion unter dem Oberbegriff *Industrie 4.0*.

Vor dem Hintergrund der vorangegangenen Ausführungen schließt die vorliegende Arbeit an die Diskussion über die Industrie 4.0 an und legt den Fokus auf diejenigen Faktoren mit dem größten Einfluss auf die Arbeitswelt. So wird der Wandel der Arbeitswelt hauptsächlich von vier Triebkräften gelenkt, und zwar der Digitalisierung und Vernetzung, der Globalisierung, dem demographischen Wandel und dem kulturellen Wandel.[2]

Vor allem die stark ausbreitende Digitalisierung scheint den größten unmittelbaren Einfluss auf das private und berufliche Leben der Menschen zu haben. Der Anteil der über 14-Jährigen, die regelmäßig das Internet nutzen, belief sich 2001 noch

---

[1] Vgl. Stefanie Puckett, Rainer M. Neubauer: Agiles Führen, 2018, S. 16 ff.

[2] Vgl. Werner Eichhorst, Florian Buhlmann: Die Zukunft der Arbeit und der Wandel der Arbeitswelt, 2015, S.2.

auf 37 Prozent, während er 2018 bereits bei 84 Prozent lag.3 Auch am Arbeitsplatz ist der Zugang zum Internet gestiegen. 2010 hatten 85 Prozent der Unternehmen Zugang zum Internet, im Jahr 2016 waren es 91 Prozent – Tendenz steigend.4

Die rasanten Entwicklungen beeinflussen nicht nur bestimmte Arbeitssektoren, sondern sorgen für einen Umbruch in allen Bereichen. Dies hat zur Folge, dass eine immer größere Anzahl von Arbeitsplätzen von der Digitalisierung und Vernetzung betroffen ist.5

1.2 Ziel der Arbeit

Die andauernden Veränderungen stellen Unternehmen vor verschiedene Herausforderungen. In dieser Arbeit können nicht alle Aspekte der Arbeitswelt 4.0 ausgiebig erläutert werden, da die Thematik zu umfassend ist. Bedingt durch den Wandel sehen sich immer mehr Unternehmen mit der Frage konfrontiert, wie sie ihre Angestellten auf die Neuerungen vorbereiten können. Die Arbeit 4.0, die sich an die vorangegangene industrielle Revolution anschließt, bietet viele Möglichkeiten, das Arbeitsleben flexibler und attraktiver zu gestalten. Die Zeiten disruptiver Digitalwirtschaft bergen viele Risiken, aber auch Chancen für Führungskräfte, traditionelle Arbeits- und Geschäftsmodelle kritisch zu hinterfragen. Vor diesem Hintergrund ist das Ziel der vorliegenden Arbeit, verschiedene Anreizfaktoren und Wege zu erörtern, die Organisationen und vor allem Führungspersonaler nutzen können, um die Angestellten mitzureißen und sie für den Wandel zu gewinnen sowie vorzubereiten.

1.3 Vorgehensweise

Dazu werden zunächst die Grundlagen der Arbeit 4.0 und Industrie 4.0 erläutert und Trends und Entwicklungen dargestellt. Darauf basierend, werden die Chancen und Herausforderungen durch Arbeit 4.0, die sich durch innovative Geschäftsmodelle und Technologien ergeben, beschrieben. Mit den gewonnenen Erkenntnissen

---

3   Vgl. Statista: „Internetnutzung in Deutschland", online unter: https://de.Statista.com/statistik/daten/studie/13070/umfrage/entwicklung-der-internetnutzung-in-deutschland-seit2001/ (Abruf am 15.11.2019).

4   Vgl. Wolfgang Däubler: Digitalisierung und Arbeitsrecht, 2018, S. 33.

5   Vgl. Andreas Boes, Tobias Kämpf, Barbara Langes, Thomas Lühr: Lean und agil im Büro, 2018, S. 12.

im Bezug auf das Unternehmen 4.0, das Personal 4.0 und die Veränderung des Recruiting, werden Führungskonzepte vorgestellt und Spannungsfelder aufgezeigt. Die Spannungsfelder werden analysiert und bewertet.

2 Theoretische Grundlagen

Wie bereits in der Einleitung ausgeführt, werden Veränderungen in der Arbeitswelt durch vier Triebkräfte beeinflusst. Diese vier Faktoren agieren nicht unabhängig voneinander, sondern im gegenseitigen Einwirken.[6] Im Folgenden werden die einzelnen Treiber, welche die Arbeitswelt 4.0 auch in Zukunft weiter formen werden, genauer ausgearbeitet.

2.1 Industrie 4.0 im Wandel der (R)Evolution

Der Begriff *Industrie* fasst den Teil der Wirtschaft zusammen, der die Güterproduktion mit einem hohen Mechanisierungs- und Automatisierungsanteil fertigt.[7] Unter Industrie 4.0 ist der Beginn der vierten Industriellen Revolution zu verstehen, die von der Vernetzung der virtuellen Computerwelt mit der physischen Welt der Dinge bestimmt wird. Realisiert wird dies durch sogenannte Cyber-physische-Systeme (CPS), die Maschinen ein autonomes Steuern und Konfigurieren ermöglichen. Das Ziel dabei ist, langfristig die Produktions- und Prozessautomatisierung auf ein neues, selbstständiges Niveau zu bringen.[8]

Der Terminus *Industrie 4.0* fand auf der Hannover Messe 2011 seinen Anfang, der durch die Verbände BITKOM, VDMA und ZWEI propagiert wurde. Im darauffolgenden Jahr legte eine Forschungsgruppe ihre Ergebnisse der deutschen Bundesregierung auf der Hannover Messe vor und benannte wahrscheinliche Trends und Herausforderungen der neuen Revolution. Schon lange gehört Industrie 4.0 zu der Hightech-Strategie der Bundesregierung, deren Ziel es ist, die Wirtschaft Deutschlands nachhaltig zu sichern.[9] Eine klare begriffliche Abgrenzung zwischen Industrie 3.0 und Industrie 4.0 gibt es nicht. Deshalb werden beide Begrifflichkeiten häufig miteinander gleichgesetzt. Oftmals wird durch Medien das Gefühl vermittelt, die Gesellschaft befände sich inmitten der vierten Revolution. Entgegen dieser Annahme steht die Gesellschaft jedoch noch ziemlich am Anfang ihres Werdegangs.[10] Fest steht, dass Mensch und Maschine immer stärker auf dem Arbeitsmarkt konkurrieren und zusammenarbeiten werden. Es wird angenommen, dass Künstliche

---

6   Vgl. Bundesministerium für Arbeit und Soziales: Weiss Buch Arbeiten 4.0, 2016, S. 18.
7   Vgl. Dr. Heiner Lasi, Dr. Hans Kemper, Dr. Peter Fettcke, Thomas Feld, Michael Hoffmann: Industrie 4.0, 2014, S. 261.
8   Vgl. Hartmut Hirsch-Kreisens: Wandel von Produktionsarbeit-„Industrie 4.0", 2014 , S. 3 f.
9   Vgl. Walter Huber: Industrie 4.0 in der Automobilproduktion, 2016, S. 1 f.
10 Vgl. Rainer Drath, Alexander Horch: Industrie 4.0- Hit or Hype, 2014, S. 56.

Intelligenz eine ähnliche Veränderung auf die Industrie haben könnte wie die Elektrizität in der zweiten Industriellen Revolution.[11] Kann ein System selbstständig und effizient ein Problem erkennen und lösen, gilt es als intelligent. Wie intelligent es ist, hängt wiederum von der Komplexität des Problems ab. Das Mooresche Gesetz besagt sinngemäß, dass sich Prozessorleistungen und somit die Computersoftware alle 24 Monate verdoppeln. Gegenwärtig ist die Entwicklung so weit, dass Maschinen Lernen lernen und so ihr Verhalten optimieren können.[12] 2015 kamen auf 100 000 Arbeitsplätze über 300 Roboter – mit steigender Tendenz. In Zukunft sollen Pflegekräfte stark entlastet werden, was verdeutlicht, dass nur der Produktionssektor betroffen sein wird.[13]

2.2 Digitalisierung und Vernetzung

Die digitale Transformation gilt als größter Einflussfaktor im Umbruch der Arbeitswelt.[14] Ihr Einfluss wird mit der industriellen Revolution im 19. Jahrhundert verglichen.[15] Das aus dem Lateinischen stammende Wort *digital* (*digitus*) bedeutet ins Deutsche übersetzt *Finger* und wurde in der Verbindung mit den ersten Computern verwendet. Unter Digitalisierung im Unternehmen wird der Einsatz von modernen Informationstechnologien und Informationssystemen verstanden, die so die Optimierung oder Gestaltung von Wertschöpfungsketten ermöglichen. Diese Veränderung der Geschäfts- und Wertschöpfungsketten wird als digitale Transformation bezeichnet. Um eine Firma zukunftsorientiert auf den Markt von Morgen vorzubereiten und die Wettbewerbsfähigkeit zu sichern, ist es unumgänglich, entsprechende Informationstechnologien in die Geschäftsmodelle zu integrieren. Unternehmen sollten sich daher auf ausschlaggebende Veränderungen einstellen, wie zum Beispiel auf neue Technologien, wandelnde Bedürfnisse und weitere Wettbewerber.[16] Hinter dem Begriff verbirgt sich jedoch mehr als nur die Elektronisierung

---

11   Vgl. Volker Heyse, John Erpenbeck, Stefan Ortmann, Stefan Coester: Mittelstand 4.0- Eine Digitale Herausforderung, 2018, S. 19.

12   Vgl. Klaus Mainzer: Künstliche Intelligenz- Wann übernehmen die Maschinen, 2016, Vorwort V.

13   Vgl. Wolfgang Däubler: Digitalisierung und Arbeitsrecht, 2018, S. 40.

14   Vgl. Bundesministerium für Arbeit und Soziales: Weiss Buch Arbeiten 4.0, 2016, S. 19.

15   Vgl. Andreas Boes, Tobias Kämpf, Barbara Langes, Thomas Lühr: Lean und agil im Büro, 2018, S. 11.

16   Vgl. Petra Koch, Frederik Ahlemann, Nils Urbach: Die innovative IT-Organisation in der digitalen Transformation, 2016, S. 1 f.

von Abläufen oder der Verarbeitung von Daten. Um den Begriff der digitalen Transformation besser verstehen zu können, kann das Modell von Lankshear und Knobel einbezogen werden. Demnach erfolgt die Veränderung vom Analogen zur Digitalisierung in insgesamt drei Stufen:

In der ersten Ebene wird die sogenannte *digitale Kompetenz* aufgebaut. Durch Schulungen wird das nötige Wissen vermittelt, um neue Technologien oder Softwares wirksam zu nutzen. Die erste Ebene geht in die zweite über, und zwar in den Bereich der *digitalen Nutzung*. Dabei werden die angelernten Kenntnisse bewusst in der Praxis angewandt und über einen entsprechenden Zeitraum, falls nötig, verbessert. War die Umsetzung erfolgreich und konnte ein merklicher positiver Effekt erzielt werden, greift die dritte Ebene: die *digitale Transformation*.[17]

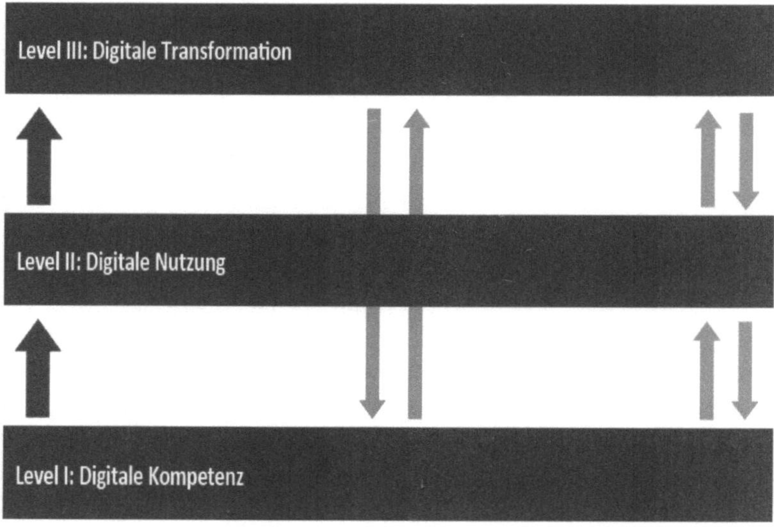

Abbildung 1: 3 Ebenen der digitalen Transformation nach Lankshear und Knobel[18]

Die digitale Transformation kann nicht nur angebunden, sondern auch völlig losgelöst von bestehenden Geschäftsmodellen angewandt werden. Neue Plattformen verändern schon lange den Arbeitsmarkt. Sie fungieren meist als reine Vermittler.

---

[17] Vgl. Stefanie Puckett, Rainer M. Neubauer, Agiles Führen, 2016, S. 17 ff.

[18] Vgl. Sven Ruoss: Was wird unter digitaler Transformation genau verstanden?, online unter: https://svenruoss.ch/2015/06/16/teil-2-was-wird-unter-digitaler-transformation-genau-verstanden/ (Abruf am 20.11.2019).

Durch den Vermittlungsdient schlagen sie einige Prozent ab und erwirtschaften so Profit. Als Beispiele können die Unternehmen *Airbnb* und *Facebook* genannt werden. Airbnb vermittelt Unterkünfte auf der ganzen Welt, ohne selbst auch nur ein Hotel zu besitzen. Facebook wiederum gilt als das meistverwendete Medium, ohne selbst Inhalte bereitzustellen. Folglich bedeutet Digitalisierung beziehungsweise digitale Transformation, nicht immer einen Prozess zu verändern, sondern diesen gegebenenfalls zu erneuern, zu ergänzen oder zu ersetzen.[19] Die Entwicklung des Handys hin zum Smartphone ist ein Beispiel für die Erneuerung eines Produktes. Hier hat ein vorhandenes Produkt mehrere technologische Funktionen dazugewonnen. Mit ca. 44 Prozent Marktanteil war Nokia bis 2011 Marktführer unter den Mobilfunkherstellern. Zu Beginn entschied sich der damalige Konzernriese gegen die Weiterentwicklung seiner Handymarke, sodass zwei Jahre später der Marktanteil Nokias bei nur noch knapp über drei Prozent lag.[20] Dieses Beispiel verdeutlicht, wie dynamisch die Märkte auf Erneuerungen reagieren. Ein Beispiel für die Ergänzung eines Produktes ist in Verkaufsautomaten zu finden. Moderne Automaten sind meist mit der M2M-Technologie (Maschine-to-Maschine-Technologie) ausgestattet. Hierfür werden Sim-Karten in die Maschinen eingebaut, die Daten speichern und übermitteln. Eine Leitstelle kann die gewonnenen Daten auswerten, um zum Beispiel die Präferenzen der Kunden oder den Befüllungsbedarf zu ermitteln. Das Ersetzen alter Geschäftsmodelle, auch digitale Disruption genannt, lässt sich in vielen Geschäftsfeldern wiederfinden.[21] Sogenannte Online-Stream-Dienste wie Netflix haben den klassischen Filmverleih größtenteils komplett ersetzt. Die damals größte Videothekenkette der USA, *Blockbusters Inc.*, hat 2010 Insolvenz angemeldet, weil sie sich gegen die Onlinekonkurrenz nicht durchsetzen konnte.[22] Der Modehandel ist ein weiteres Beispiel für den Rückgang veralteter Geschäftsmodelle. Schon längst ist es zur Normalität geworden, Klamotten oder Schuhe online zu bestellen. Diese drei Arten der Veränderung haben den Werdegang des wirtschaftlichen Geschehens maßgeblich verändert, sodass Unternehmen ihre Wertschöpfungsketten den neuen Bedingungen anpassen müssen, um auch in Zukunft bestehen zu können.

---

19   Vgl. Stefanie Puckett, Rainer M. Neubauer: Agiles Führen, 2018, S. 18 ff.

20   Vgl. Riemenschneider, 2013.

21   Vgl. Stefanie Puckett, Rainer M. Neubauer: Agiles Führen, 2018, S. 21 ff.

22   Vgl. Oliver Voß, Wirtschaftswoche: Blockbuster ist pleite, online unter: https://www.wiwo.de/unternehmen/videotheken-blockbuster-ist-pleite/5682592.html (Abruf am 20.11.2019).

2.3 Globalisierung

Die ökonomische Globalisierung, d. h. der internationale Austausch von Waren und die Inanspruchnahme ausländischer Arbeitskräfte oder Dienstleistungen, ist in den vergangenen Jahren stark angestiegen. Die Außenhandelsquote ist seit den frühen 1990er-Jahren über die nächsten 25 Jahre von circa 40 Prozent auf über 86 Prozent angestiegen.[23] Doch auch die Globalisierung hat ihre Vor- und Nachteile. Durch günstige Transportkosten und die zunehmende Möglichkeit, in anderen Ländern qualifizierte Arbeitskräfte kostengünstiger als im eigenen Land zu beschäftigen, werden die nationalen Arbeitsmärkte ebenso beeinflusst. Große Konzerne verlegen ihren Produktionsprozess schon längst in den asiatischen Raum. Heutzutage folgen immer mehr mittelständische Unternehmen diesem Trend und verlagern einen Teil der Arbeit in osteuropäische Länder, um so ihre Wettbewerbsfähigkeit zu sichern. Grund hierfür sind nach wie vor die geringen Personalkosten, die teils nur ein Siebtel des nationalen Lohnes betragen. Auf makroökonomischer Ebene können die Niedriglöhne in den Nachbarländern zu einer ansteigenden Arbeitslosigkeit im Inland führen. Dies ist der Fall, wenn die Märkte nicht flexibel genug auf die Preisänderungen reagieren können. Zwar ist die Produktivität in Deutschland deutlich höher als in den meisten osteuropäischen Ländern, dennoch nähert sich diese durch eingeführtes Managementwissen und Kapitel dem deutschen Niveau immer weiter an, und liegt bei 60 Prozent im Vergleich zu Deutschland. Da die Arbeitsstunde in beispielsweise Litauen ca. 2,29 Euro beträgt (in Deutschland ca. 25 Euro), erzielen Unternehmen so trotzdem hohe Gewinne.[24] Digitalisierung und Globalisierung sind auch in diesem Kontext nicht losgelöst voneinander zu betrachten. Unternehmen oder Einzelpersonen können durch die starke Vernetzung und die damit verbundene Möglichkeit, in Echtzeit mit Kunden auf der ganzen Welt zu kommunizieren, ihre Produkte oder Dienstleistungen wie Coaching-Dienste international anbieten. Durch solche Bedingungen ist Arbeit in vielen Bereichen unabhängig von physischer Anwesenheit an einem bestimmten Ort geworden, worauf im weiteren Verlauf der Arbeit näher eingegangen wird.

Durch die internationale Konsummöglichkeit und die damit verbundene Vergleichbarkeit der Preise und Dienstleistungen steigt der Konkurrenzkampf zwischen den

---

[23] Vgl. Bundesministerium für Arbeit und Soziales: Weiss Buch Arbeiten 4.0, 2016, S. 25.
[24] Tobias Seidel: Globalisierung und Arbeitsmarkt, 2004, S. 23 ff.

Unternehmen, was oft eine steigende Qualität zu einem besseren Preis für den End-verbraucher bedeutet.[25] Resultierend aus den vorangegangenen Aspekten wächst in Deutschland die Kritik an dem eigenen Konsumverhalten, das Auswirkungen auf das Klima und die Arbeitsbedingungen in den Produktionsländern hat. Durch die wachsende Bedeutung der sozialen Netzwerke, wie beispielsweise Facebook, Twit-ter und Snapchat, rückt ebenfalls die kulturelle Globalisierung in den Mittelpunkt.

2.4 Demographischer Wandel

Nicht nur der Zuwachs digitaler Datenströme und der Waren- und Dienstleistungs-austausch beeinflussen die Arbeitswelt 4.0. Der demographische Wandel ist eine weitere Triebkraft, welche die Entwicklung lenkt. Aufgrund des medizinischen Fortschritts wird die Bevölkerung im Schnitt elf Jahre älter als vor ca. 60 Jahren. Parallel zu diesem Trend sinkt die Geburtenrate in Deutschland, was eine immer älter werdende Gesellschaft zur Folge hat.[26] Durch die vielen Neuerungen, sei es im Hinblick auf Software oder automatisierte Arbeitsmethoden, wird es zunehmend wichtiger, dass ältere Mitarbeiterinnen und Mitarbeiter einen Anschluss finden und bis zum Eintritt der Rente motiviert bleiben. Des Weiteren ist die Übermittlung des vorhandenen Know-hows an die nächste Generation der Angestellten entschei-dend, da in Zukunft ein erhöhter Bedarf an Fachkräften zu erwarten ist. Dieser ist zurückzuführen auf das gegenwärtige Mismatch zwischen Angebot und Nachfrage nach geeigneten Fachkräften. Da die sogenannten Babyboomer jetzt allmählich aus dem erwerbstätigen Alter kommen, entsteht eine neue Dynamik auf dem Arbeits-markt. Zum einen müssen die entstandenen Vakanzen neu besetzt werden, zum anderen entwickelt sich eine verstärkte Nachfrage im Pflege- und Gesundheitssek-tor, um die alternde Gesellschaft ausreichend betreuen zu können. Dies bedeutet, dass die Nachfrage nach Arbeitskraft mit mittlerer bis hoher Qualifikation anstei-gen wird.[27] Der demographische Wandel wird nicht nur von der Geburten- und Sterberate beeinflusst, sondern auch von den Ein- und Auswanderungen nach be-ziehungsweise aus Deutschland. Allen EU-Bürgerinnen und -Bürgern, die einige festgesetzte Anforderungen erfüllen, ist es möglich, in der Europäischen Union Ar-beit zu suchen oder dort zu arbeiten, ohne dass eine Arbeitserlaubnis erforderlich

---

[25] Vgl. Bundesministerium für Arbeit und Soziales: Weiss Buch Arbeiten 4.0, 2018, S. 26 ff.

[26] Vgl. ebd., S. 28 f.

[27] Vgl. Werner Eichhorst, Florian Buhlmann: Die Zukunft der Arbeit und der Wandel der Ar-beitswelt, 2015, S. 4

ist.[28] Aufgrund der stabilen Wirtschaft und positiven Arbeitsregelungen gilt Deutschland als ein besonders attraktives Einwanderungsland. 2017 kamen über zwei Drittel aller Zugewanderten aus einem anderen europäischen Staat nach Deutschland.[29] Auch die starke Zuwanderung von Flüchtlingen, die 2015 ihren Höchststand erreichte, kann für den Arbeitsmarkt als Chance verstanden werden. Der Großteil der Zugewanderten ist im erwerbsfähigen Alter, unter ihnen Personen mit höherer Qualifikation. Entscheidend ist es, diese effizient und dauerhaft in den Arbeitsmarkt zu integrieren.

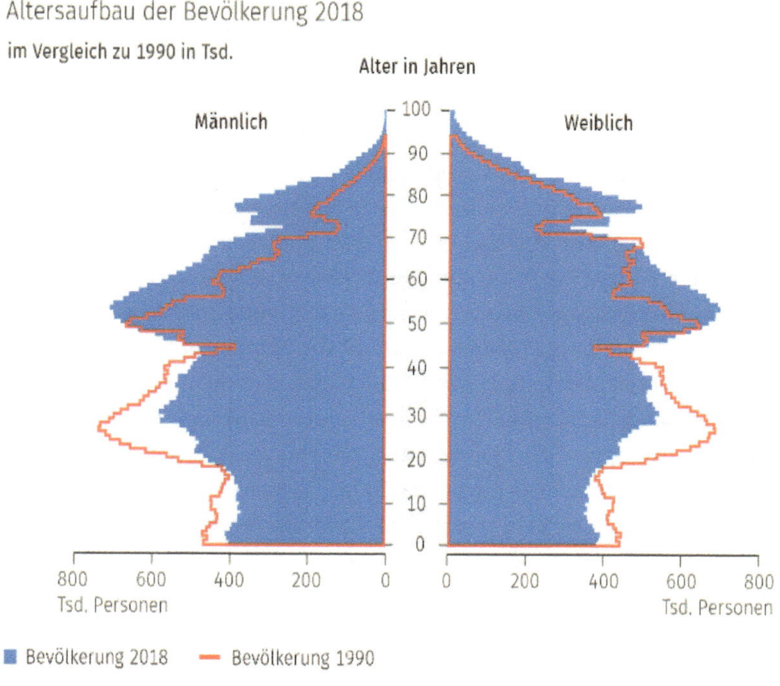

Abbildung 2: Altersaufbau der Bevölkerung[30]

---

[28] Vgl. Artikel 45, Vertrag über die Arbeitsweise der Europäischen Union.
[29] Vgl. Bundesamt für Migration und Flüchtlinge: Migrationsbericht 2016-2017.
[30] Statistisches Bundesamt: Altersaufbau der Bevölkerung, 2018.

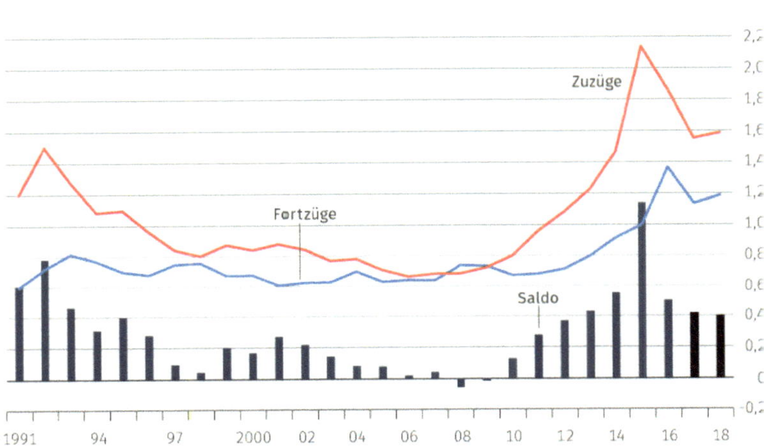

Abbildung 3: Ein- und Auswanderungen in Deutschland[31]

2.5 Kultureller Wandel

Digitalisierung, vor allem soziale Netzwerke, Globalisierung und die Vielseitigkeit des demographischen Wandels haben für institutionelle Veränderungen auf den Arbeitsmärkten gesorgt und die Kultur der Menschen überwiegend neu geprägt. Das klassische Familienbild wandelt sich. Es ist keine Seltenheit mehr, dass in den deutschen Haushalten sowohl der Mann als auch die Frau erwerbstätig sind.[32] Des Weiteren ist es seit 2017 Personen gleichen Geschlechts in einigen Ländern erlaubt, die Eheschließung einzugehen und im Zuge dessen Kinder zu adoptieren.[33] Durch den Umbruch traditioneller Werte werden Forderungen nach Gerechtigkeit oder Gleichberechtigung immer lauter. Mit dem Gesetz für die gleichberechtigte Teilhabe von Frauen und Männern an Führungspositionen soll eine Geschlechterquote in Aufsichtsräten, Vorständen und in den ersten beiden Managerebenen eingehalten werden. Dies gilt für alle börsenorientierte oder mitbestimmte Unternehmen. Das seit 2015 in Kraft getretene Gesetz zeigte bereits seine Wirkung: Alle Unternehmen, die seit 2016 die erwähnten Positionen neu vergaben, hielten sich an

---

31 Statistisches Bundesamt: Wanderung zwischen Deutschland und dem Ausland
32 Vgl. Bundesministerium für Arbeit und Soziales: Weiss Buch Arbeiten 4.0, 2016, S. 32.
33 Vgl. Bürgerliches Gesetzbuch, § 1353.

die Gesetzesvorgaben. Der Frauenanteil in den Aufsichtsräten ist seit 2016 von 7,3 Prozent auf circa 30 Prozent signifikant angestiegen.[34] Durch das veränderte Gleichgewicht der Geschlechterrollen sehen sich immer mehr Erwerbstätige vor der Aufgabe, den Spagat zwischen Karriere und Familie zu meistern. Atypische Beschäftigungsformen wie Teilzeitarbeit oder Gleitzeit vereinfachen eine flexiblere Zeiteinteilung, jedoch nicht in ausreichendem Maße, wie der deutsche Gewerkschaftsbund kritisiert.[35]

2.6 Trends und Entwicklung der Arbeitswelt 4.0

Nachdem die Megatrends untersucht wurden, sollen im Folgenden die Beschäftigungseffekte genauer betrachtet werden. Im Mittelpunkt der Betrachtung stehen die folgenden Fragen: *Werden in Zukunft mehr oder weniger Menschen arbeiten? Werden Erwerbstätige in der Arbeitswelt 4.0 stärker belastet oder entlastet?*

Die Auswirkungen, welche die behandelten Triebkräfte auf den Menschen haben, scheinen die Gesellschaft mit einer unvorhersehbaren Geschwindigkeit zu überraschen. Doch treten solche Wandlungen tatsächlich plötzlich auf? Viele Technologien, die heute das alltägliche Leben der Menschen prägen, befinden sich schon länger auf dem Markt. Das gegenwärtig bekannte World Wide Web gibt es bereits seit 1991. Die Speicherung von Datenmengen in einer Cloud, wie zum Beispiel beim Anbieter *Dropbox*, besteht seit 1999. Der erste 3D-Drucker wurde ebenfalls in den 1990er-Jahren erstmals benutzt. All diese Dinge, die heute als relativ neu empfunden werden, werden als Schlüsseltechnologien der Zukunft gehandelt.[36] Auch soziale Netzwerke sind keine Neuerscheinungen. Ebenfalls in den 1990er Jahren gab es bereits Vorreiter der heute bekanntesten Plattform dieser Art: Facebook. Selbst Gründer und CEO, Mark Zuckerberg, konnte sich die starke Entwicklung seines vor 15 Jahren gegründeten Unternehmens nicht vorstellen.[37] Die 2017 veröffentlichten Daten zeigen, dass zu diesem Zeitpunkt *Facebook* monatlich knapp zwei Milliarden aktive Nutzer hatte. Der Nachrichtendienst *Whatsapp* (1,2 Milliarden monatliche Nutzer) und das soziale Netzwerk *Instagram* (700 Millionen monatliche Nutzer),

---

[34] Vgl. Bundesministerium der Justiz und für Verbraucherschutz: Faktpapier PK-Quote Zwischenbilanz, 2016.

[35] Vgl. Bundesministerium für Arbeit uns Soziales: Weiss Buch Arbeiten 4.0, 2016, S. 34.

[36] Vgl. Stefanie Puckett, Rainer M. Neubauer: Agiles Führen, 2018, S. 18 ff.

[37] Vgl. Facebook.com: Offizieller Facebookbeitrag, Mark Zuckerberg, 4. November 2019.

die vom Unternehmen Facebook Inc. aufgekauft worden sind, verzeichneten ebenfalls aktive Nutzer in Millionen- beziehungsweise Milliardenhöhe.[38] Diese Nutzer generieren unzählige Daten. Die Sammlung und Auswertung dieser Informationen wird als Big Data bezeichnet. Die einfachste Auswirkung dieser Analysen ist eine abgestimmte Werbestrategie, die dem jeweiligen Nutzer angezeigt wird. Von Anonymität kann im World Wide Web nicht die Rede sein.[39] Einer der Topmanager Googles, Eric Schmidt, äußerte sich zu diesem Thema und teilte mit, dass durch die Onlinepräsenz und das Webverhalten mehr oder weniger in Erfahrung gebracht werden könne, worüber die Menschen nachdenken. Eine ähnliche Kontrolle ist auch im Büro möglich. Durch Analysetools lässt sich zum Beispiel die Antwortrate auf E-Mails bestimmen, die der jeweilige Angestellte erhält. Liegt diese unter dem Durchschnitt, lassen sich entsprechende Verbesserungsmaßnahmen einleiten.[40] Festzustellen ist, dass es sich bei den oben erwähnten und vielen anderen technologischen Fortschritten nicht um plötzliche Einführungen handelt, sondern um Prozesse. Es ist dementsprechend möglich, die Auswirkungen neuer Trends in verschiedenen Bereichen in gewissem Maße zu prognostizieren. Demgemäß wird oftmals nicht von einer Revolution der Arbeitswelt gesprochen, sondern vielmehr von einer Evolution. Laut Expertenmeinung lassen sich zwei zentrale Trends auf die Frage, wie sich der Arbeitsmarkt verändern wird, definieren. Zum einen die Frage, was genau mit den vorhandenen Jobs passieren wird, zum anderen, wie sich der Arbeitsplatz verändern wird.[41]

2.7 Veränderung des Arbeitsmarktes

In einem Artikel der Spiegel-Online vom November 2017 ist im Titel zu lesen, dass jeder sechste Deutsche Angst habe, seinen Job zu verlieren. Grund für die Sorge sei die zunehmende Automatisierung verschiedener Tätigkeiten.[42]

---

[38] Vgl. Facebook.com: Offizieller Facebookbeitrag, Mark Zuckerberg, 26. Juli 2017.

[39] Vgl. Wolfgang Däubler: Digitalisierung und Arbeitsrecht, 2018, S. 43 f.

[40] Vgl. Stefanie Puckett, Rainer M. Neubauer: Agiles Führen, 2018, S. 33 f.

[41] Vgl. ebd., S. 18 ff.

[42] Vgl. Spiegel-Online, online unter: https://www.spiegel.de/wirtschaft/unternehmen/digitalisierung-jeder-sechste-sieht-seinen-arbeitsplatz-in-gefahr-a-1178328.html (Abruf am 26.11.2019).

Der britische Wirtschaftsökonom John Maynard Keynes prognostizierte 1933, dass maschineller Fortschritt in naher Zukunft zu einem starken Anstieg der Erwerbslosigkeit führen werde.[43] An dieser Stelle kommt die Frage auf, ob diese Befürchtungen berechtigt sind.

Die Arbeitslosenquote befindet sich seit der Wiedervereinigung mit circa 2,6 Millionen Arbeitslosen auf den niedrigsten Stand.[44] Soweit scheint das Resultat von Arbeit 4.0 nicht Massenarbeitslosigkeit zu sein. Nichtsdestotrotz darf dieser Aspekt nicht ignoriert werden, denn in der Regel wird dort, wo Arbeitszeit eingespart wird, was einer der größten Faktoren bei der Automatisierung verschiedener Tätigkeiten ist, ebenso Arbeitskraft eingespart. Allerdings lassen sich die meisten Berufe nicht zu 100 Prozent verselbstständigen, da es nicht zuletzt rechtliche Vorschriften gibt, die vor einer unkontrollierten Automatisierung schützen, sodass sich der Arbeitsprozess verändert und nicht verschwindet.[45] Eine Studie des World Economic Forums kam zu dem Ergebnis, dass in 15 Ländern bis 2020 ungefähr 5,1 Millionen Jobs wegfallen werden. Die Boston Consulting Group, ein Unternehmen für Strategieberatung, geht von einem zu erwartendem Rückgang bei über 600 000 Fertigungsberufen aus. Grund dafür sei hauptsächlich die Digitalisierung am Arbeitsplatz. Bei einer Betrachtung des gesamten Marktes kann festgestellt werden, dass dennoch eine positive Entwicklung zu verzeichnen ist. Zwischen 1999 und 2011 sind durch technische Innovationen elf Millionen Jobs in Europa entstanden. In der genannten Studie wurden Klein- und Start-Up-Unternehmen, die neben anderen Unternehmen den größten Einfluss auf neue Jobs haben, nicht ausreichend berücksichtigt. Auch die wachsende Nachfrage nach Dienstleistungs- und Pflegepersonal ist nicht ausreichend berücksichtigt worden. Eine Befragung von Personaler durch das IW-Köln zeigt einen ähnlichen Trend, vor allem im IT-Bereich. Die vorangegangenen Prognosen und Studien können für die Zukunft dennoch nicht als alleinige Anhaltspunkte gesehen werden. Da sich künstliche Intelligenz noch im Anfangsstadium befindet und maschinelles Lernen sich rasant weiterentwickelt, werden neue Dynamiken entstehen. Folglich werden nicht nur Berufe betroffen sein, die einen verstärkten Routineaspekt innehaben. Das World Economic Forum ist zu dem Ergebnis gekommen, dass ungefähr 65 Prozent der Kinder, die bald das Schulalter erreichen, Berufe ausüben werden, die es heute gar nicht gibt. Auch das

---

[43] Vgl. Stefanie Puckett, Rainer M. Neubauer: Agiles Führen, 2018, S. 26.
[44] Vgl. Bundesministerium für Arbeit und Soziales: Weiss Buch, 2016, S. 45.
[45] Vgl. Stefanie Puckett, Rainer M. Neubauer: Agiles Führen, 2018, S. 27.

McKinsey-Global-Institut stellte fest, dass die durchschnittliche Lebensdauer der 500 größten börsenorientierten US-Unternehmen ungefähr 20 Jahre beträgt, 1958 waren es noch 61 Jahre. Es lässt sich die Aussage treffen: Kein Ende der Arbeit ist in Sicht, jedoch ein tiefgreifender Wandel. Eine der größten Herausforderungen wird der Fachkräftemangel sein, den die Digitalisierung begünstigt und nicht beseitigt. Es ist zu erwarten, dass Routinetätigkeiten mit mittlerer Qualifikation abnehmen werden, zum Beispiel in Banken oder in Versicherungsunternehmen. Entscheidend ist, dass die Politik den Wandel und den Verlauf der Arbeitswelt aktiv mitgestaltet. Höhere Investitionen in Forschung und Entwicklung, verstärkte Vermittlung von IT-Wissen in Schulen und Zeitsouveränität der Beschäftigten sind wichtige Beispiele für gezielte Regulierungsmöglichkeiten.[46]

2.8 Veränderung am Arbeitsplatz

Durch die Mechanisierung vieler Routinetätigkeiten, die meist eine starre oder körperlich anstrengende Abfolge innehaben, werden Angestellte physisch entlastet und können sich so verstärkt analytischen Aufgaben widmen, die eine höhere Selbstgestaltung bieten. So können auch ältere Menschen besser in den Arbeitsprozess einbezogen werden.[47] Aufgrund der starken Vernetzung der High-End-Technologien, die in ständiger Kommunikation zueinander stehen, verändert sich die Art, wie Menschen arbeiten. Das unmittelbare Verbundensein der Geräte wird oft unter dem Sammelbegriff Internet der Dinge (*Internet of Things*) zusammengefasst. Autonomes Fahren ist ein prädestiniertes Beispiel für den Ablauf eines komplexen Vorgangs mit einem nur sehr geringen menschlichen Zutun. Auch Drohnen oder Baustellenfahrzuge können aus einer sehr weiten Entfernung bedient werden, ohne dass ein Vorortsein notwendig ist. Durch derartige Möglichkeiten können auch Menschen mit Mobilitätseinschränkungen in den Arbeitsmarkt integriert werden. Es kann kritisiert werden, dass durch zu stark autonome Abläufe Beschäftige nicht ausreichend Erfahrung über einzelne Prozesse gewinnen können. So könnten im Falle einer Fehlfunktion die nötigen Kompetenzen fehlen, um eine zielgerichtete Behebung zu bewältigen. Auch im medizinischen Bereich wird sogenannte Bilderkennungssoftware zur Bestimmung von Krankheiten eingesetzt. Auch hier kann ein zu großes Verlassen auf die Software den Mediziner womöglich

---

46   Vgl. Bundesministerium für Arbeit und Soziales: Werkheft 01, Digitalisierung der Arbeitswelt, 2016, S. 40 ff.

47   Vgl. Werner Eichhorst: Die Zukunft der Arbeit, 2015, S. 2.

desensibilisieren.[48] Die Möglichkeit, ortsunabhängig zu arbeiten, hat gewissen Einfluss auf die schwindenden Grenzen zwischen Privat- und Berufsleben. Laut Institut für Arbeit und Berufsforschung werden in Deutschland jährlich 1 800 000 Überstunden geleistet, davon über 50 Prozent unbezahlt. Das Arbeitsgesetz lässt bis zu 60 Wochenstunden zu und setzt eine Ruhephase von elf Stunden zwischen den Arbeitstagen voraus. Jedoch kommt es vermehrt vor, dass sich Arbeitnehmerinnen und Arbeitnehmer zu Hause weiter mit Beruflichem auseinandersetzen. Grund dafür kann zum Beispiel eine kurzfristige Benachrichtigung des Vorgesetzten sein, der eine Erledigung für die bevorstehende Teamsitzung benötigt oder auch eine starke Identifizierung zum Unternehmen.[49] Vor allem junge Angestellte haben ganz andere Anforderungen an die Art, wie im Büro zusammengearbeitet wird. Arbeit hat immer noch einen hohen Stellenwert bei der jungen Generation, jedoch erfahren Selbstverwirklichung und Unabhängigkeit außerhalb des Berufes wachsende Bedeutung. Eine bevölkerungsrepräsentative Studie ergab, dass sich bei 79 Prozent der Unternehmen mit mehr als 50 Angestellten die technologische Ausstattung in den letzten fünf Jahren verändert hat. Circa ein Drittel gaben an, dass diese Veränderungen, seien es Informations- und Kommunikationstechnologien oder neue Softwareprogramme, zu mehr Selbstbestimmung am Arbeitsplatz geführt haben, drei von zehn fühlten sich zudem körperlich entlastet. Digitale Veränderung am Arbeitsplatz scheint einen positiven Effekt zu haben, allerdings setzt sie eine ständige Weiterentwicklung des Wissenstandes voraus. Eine Studie für die Initiative D21 ergab, dass sich ein Viertel der Befragten nicht ausreichend auf die neuen Systeme geschult fühlen. Um zukunftsorientiert auf den Wunsch nach mehr Zeitsouveränität im Berufsleben eingehen zu können, ist es entscheidend, dass verstärkt Digitalisierung in Büros gefördert wird. Bei der Gestaltung flexibler Arbeitszeiten werden moderne Kommunikationsmittel eine Schlüsselrolle übernehmen.[50]

---

[48] Vgl. Bundesministerium für Arbeit und Soziales: Weiss Buch Arbeiten 4.0, 2016, S. 69 ff.

[49] Vgl. Wolfgang Däubler: Digitalisierung und Arbeitsrecht, 2018, S. 143.

[50] Vgl. Bundesministerium für Arbeit und Soziales: Digitalisierung der Arbeitswelt, Werkheft 01, 2016, S. 60 ff.

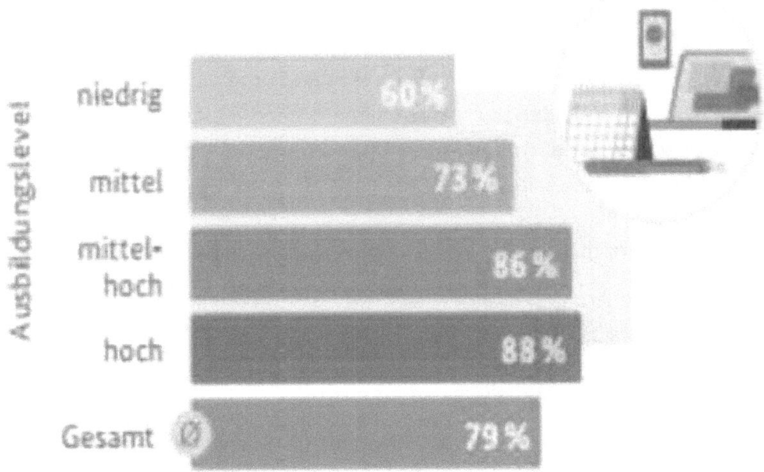

Abbildung 4: Hat sich die technologische Ausstattung am Arbeitsplatz in den letzten fünf Jahren geändert? Anteile Antworten "Ja"

Ein weiterer Trend, der zu beobachten sein wird, ist eine Abnahme der typischen Festeinstellung. Die Entwicklung wird sich weiter in Richtung „Hiring on demand"[51] bewegen, was die Inanspruchnahme spezieller Dienstleistungen und Wissensexperten nach Bedarf außerhalb des eigenen Unternehmens bedeutet. Starre Organisationen werden demnach weiter abnehmen und es bilden sich mehr Interessengruppen eines bestimmten Bereiches.[52]

---

[51] Stefanie Puckett, Rainer M. Neubauer: Agiles Führen, 2018, S. 29

[52] Vgl. Stefanie Puckett, Rainer M. Neubauer: Agiles Führen, 2018, S. 29.

3 Herausforderungen und Chancen durch Arbeit 4.0

Die Art und Weise wie Arbeit ausgeführt wird, ändert sich zusammen mit dem Umfeld der Industrie 4.0. Mit der einhergehenden Digitalisierung müssen sich Unternehmen immer mehr den Herausforderungen der Arbeit 4.0 stellen. Nicht nur Herausforderungen, sondern auch neue Chancen ergeben sich durch die Digitalisierung und heben das „Arbeiten" auf die nächste Stufe.

3.1 Unternehmen

Im Hinblick auf Arbeit 4.0 ändert sich zunehmend das Unternehmen, denn es arbeitet anders als bisher.

3.1.1 Änderung der Unternehmensorganisation

Agile Organisationen und Führungsstile geben einzelnen Mitarbeiter mehr Freiheit und Verantwortung. Bisherige starre Organisationsstrukturen, wie man diese aus bekannten Familienunternehmen kennt, sind nicht mehr zeitgemäß. Auch die Organisation wird durch die Arbeit 4.0 beeinflusst. Diese Änderungen sind nicht zwingend auf die digitale Transformation im Unternehmen zurückzuführen, denn das Unternehmen wird durch interne und externe Faktoren zusätzlich gezwungen in einem stetigen Wandel zu stehen. Faktoren wie:

- Technologie
- das Wesen der Arbeitskraft
- kulturelle Vielfalt
- Wettbewerb
- ökonomische Krisen
- soziale Trends und
- globale Politik

verändern die Arbeitswelt grundlegend und schaffen alte Organisationformen ab.[53]

---

[53] Vgl. Vgl. Doerries, Florian / Henning Schöpper / Sebastian Lodemann: Arbeit 4.0 - Wie Unternehmen den Wandel aktiv gestalten können, in: Researchgate, 01.05.2019, [online] https://www.researchgate.net/publication/336917656_Arbeit_40_-_Wie_Unternehmen_den_Wandel_aktiv_gestalten_konnen [01.05.2020].

Der technologische und gesellschaftliche Wandel vollzieht sich sehr schnell und stellt Unternehmen vor neue Herausforderungen. Sowohl kleinere als auch größere Unternehmen haben im Hinblick auf gewachsene Strukturen lange Entscheidungsprozesse, die es aufzubrechen gilt, denn die Anpassung an den stetigen Wandel wird mit einer mangelnden Umsetzungsgeschwindigkeit vollzogen.[54]

Weiterhin spielt mangelndes Vertrauen in externe und interne Partner eine große Rolle. Durch Arbeit 4.0 und die Digitalisierung wird die Kooperation und Kommunikation zwischen Fachbereichen vereinfacht. Auch die Interaktion mit externen Partnern im Umfeld der Industrie 4.0 lässt sich durch vorhandene Software-Lösungen umsetzen. Langfristig lässt sich auf diese Weise die Wertschöpfungskette ausweiten und gewinnbringend implementieren. Zusätzlich lassen sich agile Arbeitsmethoden, auf die im Folgenden eingegangen wird, umsetzen.

Mit der Digitalen Transformation und der Arbeit 4.0 lassen sich im Hinblick auf die Unternehmensorganisation zwei wesentliche Handlungsfelder ausarbeiten:

1. Strukturen der Zusammenarbeit
2. Arbeitsweisen und gelebte Arbeitskultur

De folgende Abbildung verdeutlicht dies:

---

[54] Vgl. Doerries et al., 2019.

Abbildung 5: Handlungsfelder der Organisation[55]

„Durch die Digitalisierung vernetzen sich Akteure des Wertschöpfungsprozesses zu- nehmend stärker. Damit einhergehend findet sowohl innerhalb als auch zwischen den Unternehmen ein intensiver Daten- und Wissensaustausch statt. Was kann diese zunehmende Vernetzung konkret im Hinblick auf einen Arbeitsplatz bzw. die Organisation bedeuten?" Mitarbeiter können von ihren festen Arbeits- und Sitzplätzen temporär getrennt werden und Tätigkeiten in das Home-Office verlagern. Dadurch ergeben sich Vor-, aber auch Nachteile für Unternehmen und Mitarbeiter. Die ruhigere Atmosphäre zuhause im Home-Office kann möglicherweise zu einem Produktivitätszuwachs führen. Eine bessere Vereinbarkeit mit Familie und Arbeit ergibt sich hier zudem. Eine erhöhte Mitarbeiterzufriedenheit ergibt sich. Das Unternehmen kann zusätzlich Kosten reduzieren, da weniger Arbeitsraum nötig ist und damit weniger Miete fällig wird.[56]

Damit dies langfristig eine Option wird, müssen „Spielregeln" festgelegt werden. Der Zugriff aus dem Home-Office muss gewährleistet sein. Überarbeitung durch den einfachen Zugang im Home-Office muss vermieden werden, sodass die Work-Life-Balance auch erhalten bleibt.[57]

---

[55] Vgl. Doerries et al., 2019.

[56] Vgl. Doerries et al., 2019.

[57] Vgl. Doerries et al., 2019.

Neben der Struktur der Zusammenarbeit ändert sich auch die Arbeitsweise und die Arbeitskultur. „Das Ziel ist hier vor allem mit der Geschwindigkeit des technologischen Wandels schrittzuhalten sowie flexibel auf sich verändernde Rahmenbedingungen und Zielsetzungen reagieren zu können. In diesem Zusammenhang ist es entscheidend, dass Neues ausprobiert, bewertet und im Zweifelsfall auch aus Fehlern gelernt werden kann. Dieses agile Arbeiten und die erhöhte Fehlertoleranz ebnen den Weg für das Hinterfragen eingefahrener Strukturen und Prozesse, woraus sich angepasste und leistungsfähigere Ansätze ergeben können. Es ist folglich zwingend notwendig, eine agile Unternehmenskultur zu schaffen und die Digitalisierung in dieser zu verankern."[58]

3.1.2 Modularisierung und Standardisierung

Durch das Internet und die Digitalisierung wird im Rahmen der Arbeit 4.0 ein Beitrag zur geografischen Verlagerung der Arbeit geleistet. Neue Wahlmöglichkeiten im Hinblick auf den Standort der Arbeit ergeben sich. Arbeit wird dabei organisatorisch neu eingebettet und neu verteilt. Innerhalb von Unternehmen werden Teile der Wertschöpfungskette umstrukturiert. Durch die Dynamik der Organisation werden Unternehmen national oder gar transnational. Gesamte Wertschöpfungsketten werden über Grenzen hinweg betrachtet. „Von IBM heißt es zum Beispiel, dass das Unternehmen bereits seit 2012 mehr Personen in Indien beschäftigt als in den USA. Österreichische Banken haben Unternehmensfunktionen, wie das Rechnungswesen oder Rechenzentren, an mittelosteuropäische Standorte verlegt."[59]

Durch die Digitalisierung ist eine Modularisierung von Unternehmensfunktionen möglich. Funktionen oder bestimmte Tätigkeiten eines Projekts oder Unternehmens werden herausgelöst. Schnittstellen zum Unternehmen sind durch Digitalisierung vorhanden. So können beispielsweise der Kundensupport, die Buchhaltung oder andere Projekte an einem anderen Ort verlagern und geografisch vom Unternehmensstandort angesiedelt und sich eventuelle Kostenersparnisse verschafft werden. „Die Kodifizierung von Wissen wiederum stellt sicher, dass möglichst wenige Informationen und Kenntnisse an Personen gebunden sind. Sind sie

---

[58] Vgl. Doerries et al., 2019.

[59] Vgl. Institut für Sozial- und Wirtschaftswissenschaften: Digitalisierung der Arbeit: Welche Revolution?, in: Renner-Institut, 04.2016, [online] https://www.renner-institut.at/fileadmin/user_upload/images_pdfs/themen/fokus_2017_zukunft_der_arbeit/WISO_LF_Flecker_Schönauer_Riesenecker-Caba_4_16.pdf [22.04.2020].

niedergeschrieben und auf Datenträgern verfügbar, kann von verschiedenen Orten aus auf sie zugegriffen werden. Schließlich erleichtert Digitalisierung von Information das ortsunabhängige Arbeiten, wenn nämlich Informationen nicht auf Papier, sondern elektronisch gespeichert werden. Unter diesen Voraussetzungen wird Arbeit innerhalb von Unternehmen geografisch gesehen immer „beweglicher".[60]

Vor allem findet dadurch eine Möglichkeit des „Offshore-Outsourcing" statt. So können Tätigkeiten nicht nur innerhalb des Unternehmens verlagert werden, sondern durch elektronische Medien auch an ganz andere Unternehmen, also Dienstleister, übermittelt werden. So werden nochmals die Lohnunterschiede und Kompetenzen in anderen Ländern genutzt.[61]

3.1.3 Agile Arbeitsmethoden im Projektmanagement

Durch den technologischen Wandel wird auch die Art des Arbeitens verändert. Prozesse und Projekte werden durch neue Formen wie das agile Arbeiten disruptiv verändert. Massenproduktion und Massenprodukte werden immer weniger. Produkte werden immer individueller und personalisiert. Losgrößen von eins und digitale Geschäftsmodelle, die physische Produkte und digitale Produkte vereinen, werden immer wichtiger und sind heutzutage essentiell, um den Kundenwünschen gerecht zu werden. Trends wie Künstliche Intelligenz und Fortschritte in der Robotik erhöhen die Geschwindigkeit von Produkteinführungen.

Steigende Komplexität erfordert agile Arbeitsmethoden, sodass schnelle Entscheidungen treffbar sind und Beschäftigte und Kunden dazu einladen, an der Produktentwicklung teilzuhaben. „Schlagworte wie agiles Arbeiten und die dazugehörigen Rahmenwerke und Methoden (bspw. Scrum oder Design Thinking) sind in diesem Zuge in aller Munde – es gibt unzählige Bücher, Artikel und Ratgeber zu diesen Themen. Vielen Führungskräften und Mitarbeitern fehlen allerdings die Übersicht und konkrete Ansatzpunkte zur Einführung agiler Denk- und Handlungsweisen in ihre Unternehmen oder ihre Abteilungen. Häufig bleibt eine Unklarheit zurück, weil

---

[60] Vgl. Institut für Sozial- und Wirtschaftswissenschaften, 2016.
[61] Vgl. Institut für Sozial- und Wirtschaftswissenschaften, 2016.

Agilität keine Ansammlung von Checklisten ist, sondern eine auf Prinzipien basierende Geisteshaltung, die sich in Unternehmen sehr individuell niederschlagen kann und muss."[62]

Bei der Agilität handelt es sich nicht um die erhöhte Geschwindigkeit bei der Projektumsetzung, sondern um die Flexibilisierung bei der Produktentwicklung durch schnelle Kommunikationswege innerhalb derTeams und mit dem Kunden, die Art mit Veränderungen am Produkt oder der Software umzugehen und die Konzentration auf die zu erreichenden und veränderbaren Ziele zu legen.[63]

Insgesamt kann durch diese Arbeitsform die Zufriedenstellung des Kunden erreicht werden und dies durch die kontinuierliche Auslieferung der Software oder des Produkts schon früher, was als Wettbewerbsvorteil gegenüber Wettbewerbern genutzt werden kann. Mit der richtigen Technologie und Software kann auch orts- und zeitunabhängig miteinander an agilen Projekten gearbeitet werden. Auf diese Art und Weise wird ein gleichmäßiges Arbeitstempo eingehalten, welches das Projekt schneller zum Erfolg bringt und kundenzentrierte Produkte erschafft.[64] Im nächsten Kapitel wird diese Art des Arbeitens weiter ausgeführt.

3.1.4 Zeit- und ortsunabhängiges Arbeiten

Arbeit 4.0 bietet gemeinsam mit der Digitalisierung Zugang zu Software, die bei täglichen Tätigkeiten im Büro genutzt werden. Durch Cloud- und VPN-Lösungen lässt sich bereits heute die Arbeit von Zuhause im Home-Office ermöglichen. Gemeinsam mit gleitenden Arbeitszeiten wird eine komplett neue und disruptive Arbeitsmöglichkeit gegeben und damit vielen Angestellten zusätzliche Autonomie in und während ihrer Arbeit ermöglicht.[65]

---

[62] Vgl. Bundesministerium für Wirtschaft und Energie (BMWi): Agiles Arbeiten, in: Zvei, 09.2019, [online] https://www.zvei.org/fileadmin/user_upload/Themen/Bildung_Forschung/Agiles_Arbeiten_moderne_Lernkulturen_und_kuenstliche_Intelligenz/Agiles_Arbeiten_Impulspapier_2019-11-13.pdf [01.04.2020].

[63] Vgl. Boczan, Dr. Olaf: Projektmanagement: Einführung in das agile Projektmanagement, in: https://w3-mediapool.hm.edu, 24.09.2017, [online] https://w3-mediapool.hm.edu/mediapool/media/fk07/fk07_lokal/diefakultt_4/ansprechpartner_2/lehrbeauftragte_2/boczan/vorlesungen/projektmanagement_2/Einfuehrung_in_das_agile_Projektmanagement.pdf [05.04.2020].

[64] Vgl. Boczan, 2017.

[65] Vgl. ZHAW Zürcher Hochschule für Angewandte Wissenschaften IAP Institut für Angewandte Psychologie: IAP Studie 2017 – Der Mensch in der Arbeitswelt 4.0, in: zhaw.ch, 2017, [online] https://www.zhaw.ch/storage/psychologie/upload/iap/studie/IAP_STUDIE_2017_final.pdf [06.04.2020].

Gepaart mit flexiblen Raum- und Gebäudekonzepten, das heißt durch die Ausnutzung von freiem Raum durch Mitarbeiter, die im Home-Office arbeiten, ergeben sich neue Arbeitsplatz-Situationen oder sogenannte „FlexDesk". Mitarbeiter haben dadurch keinen festen Arbeitsplatz mehr, sondern suchen sich während ihres Aufenthalts im Büro oder der Organisationen einen Arbeitsplatz. Je nach Arbeitszone und Art der Arbeit können sich so Mitarbeiter in Ruhezonen begeben, um konzentrierter zu arbeiten oder in „Begegnungszonen" um Meetings durchzuführen. Dadurch ergibt sich auch eine Kostenersparnis, da Arbeitsplätze und damit Raum, der zur mieten ist, wegfällt.[66]

3.1.5 Wandel von Branchen und Tätigkeiten (Digitalisierung ersetzt, verändert und schafft neue Berufe)

Durch die Digitalisierung wird nicht nur die Arbeit im Unternehmen verändert, sondern auch der Arbeitsplatz durch neue Technologien disruptiert. Oft sehen Angestellte im Unternehmen eine Gefahr in der Digitalisierung. Die Digitalisierung kann Ängste hervorbringen und den Arbeitsplatzverlust auslösen.[67]

Mitarbeiter in einem Unternehmen müssen frühzeitig mobilisiert und an die neuen Umstände und die Welt der Arbeit 4.0 angepasst werden. Qualifizierungen und interne Angebote für Weiterbildungen sind essentiell.[68]

3.1.6 Wandel von Geschäftsmodellen durch Digitalisierung und Einfluss

Besonders im produzierenden Gewerbe liegt der Fokus der Industrie 4.0 und damit auch der Geschäftsmodellinnovation. Disruptive Geschäftsmodelle ergeben sich hier, da hier der Mehrwert für den Kunden durch das produzierte Gut im Vordergrund steht. Wird Industrie 4.0 im Unternehmen eingesetzt, so können mittels Technologien verschiedene Potenziale entfaltet werden. Dazu zählen die folgenden:

- Individuelle Kundenwünsche werden zum Standard

- Kurzfristige und flexible Produktionsplanungen zur Befriedigung der Nachfrage

---

[66] Vgl. ZHAW Zürcher Hochschule für Angewandte Wissenschaften IAP Institut für Angewandte Psychologie, 2017.

[67] Vgl. Personio: Arbeit 4.0: Bedeutung, Auswirkungen, Herausforderungen, in: Personio, [online] https://www.personio.de/hr-lexikon/arbeit-4-0/#5 [12.05.2020].

[68] Vgl. Personio, o. J.

- Profitable Fertigung und Losgrößen von eins
- Schnelle Reaktion auf ändernde Einflüsse
- Agile Arbeitsmethoden und Entwicklungsprozesse innerhalb von Projekten
- Erkennen von neuen Wertschöpfungspotenzialen
- Innovative und neue Geschäftsfelder
- Erhaltung der Wettbewerbsfähigkeit durch Anpassung des Geschäftsmodell

„Zur Erreichen/Erschließung dieser Potenziale bedingt eine Ausrichtung des Unternehmens hin zu Industrie 4.0 auch zahlreiche, teilweise tiefgreifende organisatorische Veränderungen. So bieten sich Chancen für Geschäftsmodellinnovationen, neue Unternehmenskonzeptionen und eine erweiterte Partizipation für Beschäftigte, was wiederum jedoch auch große Herausforderungen für die Unternehmen darstellt.“[69]

Eine disruptive Geschäftsmodellinnovation ist eine radikale Veränderung des Geschäftsmodells, sodass Ideen generiert und umgesetzt werden, die außerhalb des bisherigen konventionellen Denkschemas liegen.[70]

Ein Geschäftsmodell erweitert die Kunden-, Leistungs- und Ertragsperspektive. So steht der Leistungsaustausch zwischen Unternehmen und Kunde im Fokus. Das Unternehmen liefert hier einen Mehrwert und erhält eine monetäre Gegenleistung. Zusammen im Kontext der Digitalisierung wird dem vertriebenem Gut, sei es ein physisches oder digitales Produkt ein Technologieeinsatz inne gelegt, sodass dieser bspw. einen neuen Ertragsstrom gerechtfertigt. Das heißt konventionelle Produkte erfahren im Rahmen der Digitalisierung einen Technologiewandel und lassen sich mithilfe neuer Geschäftsmodelle vertreiben.[71]

---

[69] Vgl. Technische Universität Dresden: Industrie 4.0 – Disruptive Geschäftsmodellinnovation oder „nur“ Geschäftsprozessoptimierung?, in: Researchgate, [online] https://www.research-gate.net/publication/320616893_Industrie_40_-_Disruptive_Geschaftsmodellinnova-tion_oder_nur_Geschaftsprozessoptimierung [11.05.2020].

[70] Vgl. Technische Universität Dresden, o. J.

[71] Vgl. Hummel, Prof. Dr.-Ing. Vera: Geschäftsmodelle für die Industrie 4.0 Erfolgsfaktoren, Hindernisse und Anwendungsbeispiele, in: esb-business-school, [online] https://www.esb-busi-ness-school.de/fileadmin/user_upload/Fakultaet_ESB/Forschung/Wertschoepfungs-_und_Logistiksysteme/ESB_Business_School_GENI40_Studie_Geschaeftsmodelle_fuer_die_Industrie_40.pdf [11.04.2020].

Abbildung 6: Darstellung der Geschäftsmodellelemente[72]

3.2 Personal 4.0

Durch Trends wie die Globalisierung und den demografischen Wandel befindet sich auch die heutige Arbeitswelt nicht nur im Umbruch der Digitalisierung, sondern auch das Personalmanagement. Alte Wertemuster werden entfernt, neue Berufe kommen hinzu und definieren neue Tätigkeiten. Zudem werden Jobprofile und Qualifizierungen immer komplexer und weitreichender. Tätigkeiten werden automatisiert und vereinzelt und bereits heute schon durch Technologien wie Roboter oder Künstliche Intelligenz ersetzt.[73]

Der Umbau dieser Arbeitsplätze zieht eine Neuausrichtung nach sich und sorgt auch für neue Chancen für neue Teilnehmer am Arbeitsmarkt. Demnach werden insbesondere das Recruiting und die Personalentwicklung im Umfeld der Industrie 4.0 und der Digitalisierung beeinflusst.

---

[72] Vgl. Hummel, o. J.

[73] Vgl. Bundesverband der Personalmanager e.V.: Personalmanagement 4.0, in: bpm.de, [online] https://www.bpm.de/sites/default/files/bpm_abschlusspapier_pm40_ansicht.pdf [11.04.2020].

3.2.1 Recruiting 4.0

Recruiting, also die Personalbeschaffung, ist ein Vorgang bei dem geeignete Kandidaten für eine Position in einem Unternehmen gesucht werden. Heutzutage findet die Bewerbung auf der Seite des Bewerbers statt. In elektrischer Form werden auf geeignete Stellen der Unternehmen Unterlagen zugeschickt und der Bewerbungsprozess eingeleitet. Der klassische Recruiting-Prozess ist in fünf Phasen eingeteilt:

1. Analyse des Profils und der Stellenausschreiben

2. Suche nach dem Kandidaten

3. Auswahl des Kandidaten

4. Angebot eines Jobs und Einstellung des Kandidaten

5. Eingliederung des neuen Mitarbeiters in das Unternehmen

Das Recruiting kann innerhalb oder außerhalb des Unternehmens stattfinden. Hier wird vom internen und externen Recruiting gesprochen. Um neue Bewerber extern zu akquirieren, werden Jobbörsen, Unternehmenswebseiten und Karrierewebseiten, aber auch Karrieremessen genutzt. In Zeiten der Digitalisierung und des Online-Marketings wird auch die vermehrte Nutzung von Social-Media-Kanälen genutzt, vor allem um jüngere Generation, d.h. Generation Z und Generation Y anzusprechen.[74]

Social Media ist der erste Schritt in Richtung Recruiting 4.0. Aber Recruiting 4.0 ist weitaus mehr als nur die Ansprache von jungen Bewerbern. Die digitale Personalbeschaffung oder Personengewinnung ist eine Digitalisierung des konventionellen und langsamen Bewerbungsprozesses und die Anwendung von Algorithmen um den „War for Talents", also den Kampf für bestimmte Bewerber, zu gewinnen.[75]

Mittels Recruiting 4.0 lassen sich verschiedene Methoden umsetzen, um Schlüsselpositionen, das heißt spezielle Fach- und Führungspersonen, zu finden. Zu den Methoden gehören vor allem die folgenden fünf:

- Erhöhung der Reichweite der Stellenanzeige, um mehr Bewerber anzusprechen

- Attraktivität des Arbeitgebers auch online zeigen und betonen

---

74 Vgl. softgarden e-recruiting GmbH: Recruiting, in: softgarden.de, [online] https://www.softgarden.de/ressourcen/glossar/recruiting/ [22.04.2020].

75 Vgl. Raven51 AG: Recruiting 4.0, in: raven51.de, [online] https://raven51.de/wiki/recruiting-4-0/) [13.04.2020].

- Schnelligkeit im Finden von Bewerbern ist essentiell
- Aktives Zugehen auf potentielle Kandidaten (Active Sourcing)
- Wertschätzende Kommunikation auf Augenhöhe

Dies sind jedoch nur die Grundbedingungen, um annähernd an Bewerber der heutigen jungen Generation zu kommen. Vielmehr müssen auch Bewerbermanagementsysteme eingeführt werden, sodass Tools genutzt werden können, die beim Matching von Bewerbern mit dem Unternehmen unterstützend wirken. Algorithmen müssen eine Vorselektion der Bewerber vornehmen, sodass ein Kandidat bspw. auch in die Unternehmenskultur passt.[76]

Weiterhin muss, wie bereits angemerkt, ein Social Media Account auf den sozialen Plattformen existent sein. Dieser hilft bei der Ansprache der jüngeren Generation. „Die Zielgruppe verschiebt sich aufgrund des demografischen Wandels. Besonders junge Menschen recherchieren vorrangig über Social Media und messen der digitalen Kommunikation dieselbe Wichtigkeit bei wie der persönlichen. Hierbei werden soziale Netzwerke, Chatprogramme wie WhatsApp, Foren und Blogs genutzt – dies kann man sich für sein Social Recruiting zu Nutze machen." Nicht nur präsent muss ein Unternehmen sein, sondern auch regelmäßig Inhalte liefern. Dabei kann auf Bilder, Blogartikel oder Videos zurückgegriffen werden.[77]

Beim Active Sourcing geht ein Unternehmen auf einen Kandidaten zu. Dies kann beispielsweise auf Plattformen wie Honeypot stattfinden oder auf Karrieremessen und Recruiting-Veranstaltungen.[78] Besonders einfach ist dies für die Seite der Kandidaten, weil sich hier Unternehmen bewerben, statt wie gewohnt Kandidaten. Eine weitere Möglichkeit das Bewerben auf der Seite der Bewerber zu vereinfachen, ist die One-Click-Bewerbung. Hier werden Schnittstellen von Sozialen Plattformen wie Xing oder LinkedIn genutzt, um Bewerberinformation direkt an das Unternehmen zu transferieren.[79]

In einer Studie von XING zu Recruiting 4.0 hat sich das Interesse von Human-Resources-Verantwortlichen zum Einsatz von digitalen Techniken bestätigt. 85 Prozent sind der Meinung, dass digitale Verfahren neue Chancen bieten. Dazu zählt

---

[76] Vgl. Raven51 AG, o. J.

[77] Vgl. Raven51 AG, o. J.

[78] https://www.honeypot.io

[79] Vgl. Raven51 AG, o. J.

insbesondere das Finden bestmöglicher Mitarbeiter für eine offene Position. Soziale Medien spielen eine größere Rolle, besonders dann, wenn es um die Ausschreibungen von Stellen geht.[80]

Essentiell vor allem sind aber auch Themen wie Big Data, Technologien zur Verarbeitungen riesiger Datenmengen[31], in Verbindung mit Künstlicher Intelligenz. Technologien wie diese seien bei der Personalgewinnung in Zukunft und auch im Rahmen der Arbeit 4.0 zielführend.[82]

Bisher wurden die Chancen im Recruiting 4.0 aufgezeigt. Neue Technologien und Veränderungen in vorhandenen Prozessen bringen aber auch Herausforderungen mit sich. Der zukünftige wirtschaftliche Erfolg wird laut der XING-Studie aus der Investitionsbereitschaft in Deutschland abhängen. Zukunftsweisende Trends und Technologien sind bekannt, jedoch mangelt es an der Umsetzung. Die „digitale Leistungsfähigkeit" ist in Deutschland nicht gegeben und wird von Geschäftsführern unterschätzt.[83] Trotz dessen halten viele Geschäftsführer (97 Prozent aller befragten Geschäftsführer) der Studie die Digitalisierung für sehr wichtig und schätzen sogar den Stand der Digitalisierung im eigenen Unternehmen höher als die Konkurrenz an.[84]

Die Kandidatenansprache wird bisher von HR-Verantwortlichen über Online-Kanäle vollzogen. Trotz der Chancen, hier neue Bewerbergruppen erreichen zu können, ist die richtige Auswahl des Kanals deutlich schwerer.[85]

Unternehmenseigene Webseiten, Jobbörsen der Agentur für Arbeit und Tageszeitungen werden noch zur Kandidatenansprache genutzt. Weniger erfolglos fallen diese jedoch mit der Zeit aus, sodass sich für neue Plattformen wie LinkedIn, Twitter oder diverse Recruiting Apps entschieden wird.[86]

---

80 Vgl. XING E-Recruiting GmbH & Co. KG: Recruiting 4.0: Unternehmenserfolg durch digitale Personalgewinnung, in: Strimgroup, [online] https://www.strimgroup.com/wp-content/uploads/2018/01/studie-whitepaper-recruiting4.pdf [14.04.2020].

81 Vgl. BITKOM Bundesverband Informationswirtschaft, Telekommunikation und neue Medien e. V.: Big-Data-Technologien – Wissen für Entscheider, in: Bitkom.org, [online] https://www.bitkom.org/sites/default/files/file/import/140228-Big-Data-Technologien-Wissen-fuer-Entscheider.pdf [15.04.2020].

82 Vgl. XING E-Recruiting GmbH & Co. KG, o. J.

83 Vgl. XING E-Recruiting GmbH & Co. KG, o. J.

84 Vgl. XING E-Recruiting GmbH & Co. KG, o. J.

85 Vgl. XING E-Recruiting GmbH & Co. KG, o. J.

86 Vgl. XING E-Recruiting GmbH & Co. KG, o. J.

Da Bewerber und auch Profile immer komplexer werden, erschwert sich die Kandidatenansprache mit der Technologie. Der Kampf um die Talente wächst und die Anzahl der Wettbewerber nimmt zu. Jedoch lassen sich auch die eigenen Mitarbeiter auf die Digitalisierung vorbereiten. Arbeit 4.0 und Technologien wie E-Learning bieten Potential. Das folgende Kapitel erläutert Personalentwicklungsmethoden, angestoßen durch Technologie.

3.2.2 Personalentwicklung

Die Personalentwicklung ist ein Teilbereich der Human Resources. Innerhalb dieser werden alle Methoden und Vorgehensweisen gegliedert, die sich mit den Förderungen der Mitarbeiter beschäftigen. Dazu zählen insbesondere Maßnahmen zur Weiterbildung der Mitarbeiter, aber auch die Vorbereitung von Führungskräften.[87]

Die „systematische Förderung beruflich relevanter Kenntnisse und Fertigkeiten etc. durch Maßnahmen der Weiterbildung, der Beratung, des systematischen Feedbacks und der Arbeitsgestaltung"[88] tragen zum langfristigen Unternehmenserfolg bei und steigert die Motivation bei den Mitarbeitern.[89]

Werden den Mitarbeitern Möglichkeiten der Weiterbildung aufgezeigt, so bleiben diese auch dem Unternehmen für einen langen Zeitraum erhalten und können neue Positionen annehmen. Zahlreiche Instrumente und Maßnahmen bieten sich hier an, sowohl aus Unternehmenssicht als auch Mitarbeitersicht zur Entwicklung der Mitarbeiter beizutragen:

- Job Enlargement: Mitarbeitern werden neue Aufgaben zugewiesen, sodass das Aufgabenfeld nicht mehr auf eine Aufgabe fokussiert wird

- Job Enrichment: Bisherige Tätigkeiten werden durch komplexe Aufgaben ergänzt

- Job Rotation: Tätigkeiten werden durch neue Tätigkeiten ausgetauscht. Ein Arbeitsplatzwechsel findet statt[90]

---

[87] Vgl. Herzog, Christoph: Was ist Personalentwicklung? Eine Definition, in: Haufe, [online] https://www.umantis.com/blog/was-ist-personalentwicklung-eine-definition [24.03.2020].

[88] Vgl. Hilsenbeck, Thomas: Personalentwicklung Eine Einführung, in: http://www.thomas-hilsenbeck.de, [online] http://www.thomas-hilsenbeck.de/wp-content/uploads/Dr-Th-Hilsenbeck-Handbuch-Personalentwicklung-Vers-8_0.pdf [24.04.2020].

[89] Vgl. Herzog, o. J.

[90] Vgl. Herzog, o. J.

Weitere Maßnahmen sind die Projektarbeit, das Coaching und Mentoring und die Off-the-Job Weiterbildungsmaßnahmen. Bei der Projektarbeit werden Projekte mit verschiedenen Personen initiiert, sodass einzelne Personen Einblicke in neue Arbeitsbereiche bekommen und Kenntnisse fern von bisherigen Tätigkeiten sammeln können. Beim Coaching oder Mentoring wird dem Mitarbeiter ein Mentor zugeteilt, sodass erfahrene Führungskräfte den Nachwuchsführungskräften bei Fragen zur Seite stehen, aber auch gemeinsam mit ihnen neue Lösungsmodelle zu Problemen erarbeiten. Finden jedoch Weiterbildungsmaßnahmen außerhalb des Unternehmens statt, die die Anwesenheit an einem Seminar, Lehrgang oder an einer Fernuniversität erfodern, so findet dieses Off-the-Job statt.[91]

Hier wird besonders ersichtlich: Die Weiterbildungsmaßnahmen sind nicht nur zum „Selbstzweck, sondern Mittel zu Erreichung und Sicherung der Strategischen Unternehmensziele."[92] Die folgende Abbildung der Haufe-Akademie fasst die Vorteile und Ziele, die sich durch Personalentwicklungsmaßnahmen ergeben für Mitarbeiter und Unternehmen zusammen.

---

[91]   Vgl. Herzog, o. J.

[92]   Vgl. Haufe Akadamie: Personal binden und entwickeln, in: haufe-akademie.de, [online] https://www.haufe-akademie.de/downloads_shop/documents/5077.pdf [28.04.2020].

PE-Ziele

AUS UNTERNEHMENSSICHT	**AUS MITARBEITERSICHT**
> Sicherung des notwendigen Fach- und Führungskräftebestands	> Verbesserung und Aufrechterhaltung der fachlichen und persönlichen Qualifikation
> Erkennen und Vorbereiten von Nachwuchsführungskräften und Spezialisten	> Aktivierung bisher ungenutzter Potenziale und Fähigkeiten
> Anpassung an die technologischen Erfordernisse des Markts	> Übertragung neuer/erweiterter Aufgaben
> Größere Unabhängigkeit von externen Arbeitsmärkten	> Verbesserte Karriere- und Laufbahnmöglichkeiten
> Verbesserung und Aufrechterhaltung der fachlichen und persönlichen Qualifikation	> Minderung des Risikos des Arbeitsplatzverlusts
> Verbesserung der Mitarbeiterzufriedenheit	> Verbesserung der Chancen am Arbeitsmarkt
> Verbesserung der Leistungsmotivation	> Steigerung der individuellen Mobilität auf dem internen und externen Arbeitsmarkt
> Sicherung der Wettbewerbsfähigkeit	> Verbesserung der Selbstverwirklichungschancen und Entfaltung der Persönlichkeit
> Aufdecken von Fehlbesetzungen und Defiziten	> Erhöhung des persönlichen Prestiges
> Vermittlung von Schlüsselqualifikationen	> Ermöglichung einer eignungs- und neigungsgerechten Aufgabenzuweisung
> Erhöhung der Bereitschaft, Änderungen zu verstehen und herbeizuführen	> Einkommensverbesserung
> Geringere Personalbeschaffungskosten durch geringere Fluktuation	
> Erhöhung der innerbetrieblichen Kooperation und Kommunikation	
> Sicherung des Mitarbeiterbestands	
> Bindung von Mitarbeitern	

Abbildung 7: Ziele der Personalentwicklung aus Unternehmens- und Mitarbeitersicht[93]

Insgesamt kann sich die Personalentwicklung als eine Maßnahme zur Mitarbeiterbindung an das Unternehmen verstehen. Besonders in Zeiten der Digitalisierung ergeben sich jedoch neue Anforderungen für Unternehmen, gezeigte Maßnahmen nachhaltig umzusetzen.

3.2.2.1 Neue Anforderungen der Zukunft

Maßnahmen zur Personalentwicklung bergen auch Herausforderungen für den Arbeitnehmer, aber auch für den Arbeitgeber. Weiterbildungen sind Maßnahmen, um Arbeitnehmer zu qualifizieren. Für Unternehmen stellen diese eine Vorrausetzung

---

[93] Vgl. Haufe Akadamie, o. J.

der Unternehmensziele dar. „Personalentwickler und Trainer müssen sich auf neue Aufgaben gefasst machen."[94]

Mit der Digitalisierung findet die Personalentwicklung auf eine selbstverantwortliche Weise statt. Dies wird zunehmend für eine kontinuierliche Aufgabe für die Mitarbeiter bzw. den Arbeitnehmer. Durch die Ablenkung vom Tagesgeschäft werden Mitarbeiter mit Unterbrechungen im Arbeitsprozess konfrontiert. Durch die Digitalisierung wird von bekannten konventionellen Arbeitsaufgaben abgewichen. Durch neues Wissen ergeben sich neue Anforderungen an die Arbeitskräfte. Gleichzeitig neben dem Tagesgeschäft, „Neues" zu lernen wird zu einer Herausforderung. Damit dies funktioniert, sind grundlegende Prinzipien im Bereich Zeitmanagement, Selbstorganisation und Produktivität gefordert.[95]

Die verfügbaren Seminarangebote bieten jedoch eine geringe Lerneffizienz. Die Arbeitsprozesse der Mitarbeiter werden immer digitaler, das Lernangebot stockt aber und es wird auf konventionelle Angebote zurückgegriffen. Es muss eine digitale Lernarchitektur aufgebaut werden.[96]

Eine Studie der Evelea GmbH hat 2017 gezeigt, dass lediglich 20 Prozent der Unternehmen Weiterbildungsmaßnahmen innerhalb der Unternehmensstrategie verankert haben. Die restlichen Unternehmen bieten Maßnahmen nur nach Antragsstellung an. 88 Prozent der Unternehmen bieten Präsenzveranstaltungen an und setzen nicht auf E-Learning-Konzepte.[97]

Während die Digitalisierung die Art und Weise der Arbeit verändert, muss auch die Bildung neu gedacht werden. Selbstorganisation, Eigenverantwortlichkeit und Flexibilität der Mitarbeiter sollten an erster Stelle stehen. Dazu kann kein Lehrraum mit physischer Anwesenheit vorausgesetzt werden, denn das Lernen findet nun digital statt. Trends wie Gamification halten bereits heute Einzug in die Lernumge-

---

[94] Vgl. blink.it GmbH & Co. KG: Personalentwicklung 4.0 - Neue Anforderungen in der Zukunft, in: blink.it, [online] https://www.blink.it/blog/personalentwicklung-4-0-neue-anforderungen-in-der-zukunft [22.03.2020].

[95] Vgl. blink.it GmbH & Co. KG, o. J.

[96] Vgl. Sauter, Werner: 2017 – Paradigmenwechsel zu digitalisierten Lernkonzeptionen?, in: BlendedSolutions, [online] https://blendedsolutions.wordpress.com/2017/01/08/2017-paradigmenwechsel-zu-digitalisierten-lernkonzeptionen/#comments [04.04.2020].

[97] Vgl. Speidel, Prof. Dr. Valentina: ZUKÜNFTIGE AUSRICHTUNG DER PERSONALENTWICKLUNG, in: DGFP, [online] https://www.dgfp.de/fileadmin/user_upload/DGFP_e.V/Medien/Publikationen/Praxispapiere/201901_Praxispapier_Zukunft.pdf [06.04.2020].

bung. So kann die Lernintensität spielerisch erhöht werden. Denn „bisherige Lernformate funktionieren nicht mehr voll umfänglich aufgrund der zunehmenden Komplexität und der geringeren Planbarkeit". Eine „Entwicklung von flexibleren Formaten mit mehr Freiheiten und Wahlmöglichkeiten"[98] bietet das Lernen 4.0. Das folgende Kapitel widmet sich dem Lernen 4.0.

3.2.2.2 Weiterbildung und Lernen 4.0 – Personalentwicklung als Lernbegleiter

Lernen 4.0 funktioniert nur in einem Arbeit 4.0-Umfeld. Die Digitalisierung fängt mit der Personalentwicklung an, denn ohne die Entwicklung von neuen Kompetenzen können digitale Technologien nicht erkannt und bewertet werden.[99] Das neue Lernen wird unter verschiedenen Begriffen zusammengefasst. Dazu zählen beispielsweise „agiles Lernen", „New Learning" oder das „Lernen 4.0". Allgemein anerkannte Definitionen zu den Begriffen existieren nicht. Die Begriffe unterscheiden sich jedoch:

- Lernen 4.0: Unter Lernen 4.0 wird die Anlehnung an die Industrie 4.0 verstanden. Hier steht das Lernen im Fokus der Vernetzung und Erhöhung der Effizienz. Dazu wird die Maschine bzw. der Computer genutzt und hilft den Lernenden durch Schaffung eines digitalen Umfelds. Bots und Software unterstützen im Lernprozess. Eine Kollaboration zwischen Menschen und Maschine prägt diese Lernart. Das Ziel ist es dabei, ein individuelles Lernerlebnis (ähnlich dem Fokus auf Losgröße 1 im Industrie 4.0 Umfeld) zu schaffen.

- Agiles Lernen: Agiles Lernen kommt vom Agilen Arbeiten und stellt die kontinuierliche Anpassungsfähigkeit des Mitarbeiters an das Unternehmen und die Technologien in den Fokus.

---

[98] Vgl. Speidel, o. J.

[99] Vgl. Evers, Katrin: LERNEN 4.0 – ERFOLGREICH IN DIE ZUKUNFT!, in: Haufe Akademie, [online] https://www.haufe-akademie.de/blog/themen/personalentwicklung/lernen-4-0-erfolgreich-in-die-zukunft/ [02.04.2020].

- New Learning: New Learning beschreibt den Lernprozess und die Art wie dieser stattfindet. Eigenbestimmung, Unabhängigkeit und das Streben einen nachhaltigen Einfluss auf das Unternehmen zu haben, stehen hier im Vordergrund. Das Individuum strebt im Gesamtkontext nach einer Potenzialentfaltung.[100]

3.3 Führung 4.0 und Zusammenarbeit

Damit die Personalentwicklung funktioniert und Unternehmen im Zeitalter der Digitalisierung wettbewerbsfähig bleiben können, müssen vor allem Führungskräfte Führungsstile anpassen, sodass eine nachhaltige Mobilisation von Mitarbeitern möglich wird und Unternehmen zum Erfolg geführt werden können.

3.3.1 Führung in der digitalen Welt

Während Arbeit 4.0 die zusammenfassende Beschreibung für das Arbeiten in Zukunft ist, wird Arbeit 4.0 auch zum Aufbrechen konventioneller Hierarchien synonym verwendet. Arbeit 4.0 diskutiert den Führungsstil, denn dieser wird mit der Digitalisierung neu beansprucht. Bisher funktionierende Ansätze in der Führung werden nun in Frage gestellt, genau wie die Kompetenzen, die eine Führungskraft bisher mit gebracht hat.[101]

Da sich mit der Arbeit 4.0 die Arbeitsweise der Menschen ändert und digitalisiert, werden bekannte Führungsrollen neu gedacht. Die bisher praktizierten Methoden der Führung von Mitarbeitern funktionieren in einer digitalisierten Arbeitswelt nicht mehr. Das geforderte Kompetenzprofil an eine Führungskraft ändert sich.[102] „Aktuelle Ansätze gehen davon aus, dass das Führungsgeschehen als Interaktionsprozess zu begreifen ist, in dem sich Führende und Geführte wechselseitig beeinflussen." Hierbei werden drei verschiedene Ansätze unterschieden:

- Eigenschaftsansatz

- Verhaltensansatz

- Situationsansatz

---

100 Vgl. Haufe: Agiles Lernen, Lernen 4.0, New Learning: Definition und Abgrenzung, in: Haufe, [online] https://www.haufe.de/personal/hr-management/agiles-lernen/agiles-lernen-lernen-40-new-learning-definition-abgrenzung_80_513354.html [08.03.2020].

101 Vgl. MA&T Organisationsentwicklung GmbH: Neues Führungslevel mit „Führung 4.0", in: Perwiss, [online] https://www.perwiss.de/fuehrung-4-0.html [07.03.2020].

102 Vgl. MA&T Organisationsentwicklung GmbH, o. J.

Beim Eigenschaftsansatz ergibt sich eine Führungsposition oder die Belegung dessen durch eine Führungskraft mit speziellen Eigenschaften, die eine Führungsperson in einem bestimmten Unternehmen definieren. In verschiedenen Branchen sind demnach unterschiedliche Eigenschaften gefragt. Diese müssen nicht zwingend zum Führungserfolg beitragen. Der Verhaltensansatz hingegen geht davon aus, dass sich der Führungserfolg durch die „Variation der Verhaltensstile der Führungsperson ergibt."[103] Laut der University of Florida und Studien von Judge, Piccolo und Ilies hat sich ein mitarbeiterorientierten Führungsstil mit eine hohen Zufriedenheit bei Mitarbeitern und Belegschaft bewiesen. Dies führt auch zu einer höheren Arbeitszufriedenheit und Arbeitsmotivation. Der Situationsansatz zeigt sich offen für die Digitalisierung und treibt diese zunehmend an. Der Führungserfolg ergibt sich mit der stetigen Anpassung des Führungsstils an die entsprechenden Anforderungen.[104]

Hat die Führungskraft bisher nur kontrollierende Aufgaben ausgeführt, so wird ihm nun die Rolle der motivierenden Führungskraft zugeschrieben. Auf diese Weise wird dem Mitarbeiter mehr Autonomie gewährt und letztlich die Zufriedenheit gestärkt. Das Aufbauen von persönlicher Beziehungen steht im Vordergrund.[105]

3.3.2 Anforderungen an eine Zusammenarbeit

Durch die Flexibilisierung der Arbeitsform und der Arbeitswelt geriet auch die Führungskultur in eine Veränderung, die nicht nur eine Anpassung der Führungskraft zur Folge hat, sondern der gesamten Organisation.[106] Traditionelle Rollenbilder müssen innerhalb der Organisation ersetzt werden. Laut Hays spielt insbesondere die soziale Kompetenz der Führungskräfte eine Rolle, sodass man der Individualisierung der Mitarbeiter, dem demografischen Wandel und der Digitalisierung gerecht werden kann.[107]

---

[103] Vgl. MA&T Organisationsentwicklung GmbH, o. J.

[104] Vgl. MA&T Organisationsentwicklung GmbH, o. J.

[105] Vgl. MA&T Organisationsentwicklung GmbH, o. J.

[106] Vgl. Grabmeier, Stephan: New Leadership – Führung in der Arbeitswelt 4.0, in: Innovation-Evangelists, [online] http://innovation-evangelists.com/fileadmin/Dateien/PDF/Artikel/New_Leadership_-_Fuehrung_in_der_Arbeitswelt_4.0.pdf [23.04.2020].

[107] Vgl. Grabmeier, o. J.

Durch eine Feedbackkultur und stetige Motivation der Mitarbeiter können die Mitarbeiter nicht nur persönlich, sondern auch fachlich entwickelt werden. Hierarchische Vorgaben werden aufgebrochen und durch neue Möglichkeiten und Spielräume zwischen Führungskräften und Mitarbeitern ersetzt. Empathie und Einfühlungsvermögen spiele nun mehr eine größere Rolle bei Erreichung von Projekt- und Unternehmenszielen.[108]

In einer durch Prof. Kruse durchgeführten INQA-Studie wurden zehn Anforderungen an eine Führungskraft im digitalen Zeitalter identifiziert:

1. Flexibilität und Diversität
2. Prozess- und Ergebnisorientierung
3. Netzwerkstrukturen und kollektive Intelligenz
4. Flache Hierarchien
5. Kooperationen statt Alleingänge
6. Weiterentwicklung der Mitarbeiter begleiten
7. Selbstbestimmung fördern und Motivation erhöhen
8. Verschiedene Interessen der Mitarbeiter berücksichtigen
9. Eigener Wunsch der Führungskräfte nach einem Wechsel
10. Selbstreflektion[109]

„Die Mitarbeiter stellten dabei ebenfalls Sozialkompetenzen in den Vordergrund. Einfühlungsvermögen, Impulse zur persönlichen und beruflichen Weiterentwicklung, individuelles Coaching, Wertschätzung, Sinnhaftigkeit, die Schaffung von Spielräumen innerhalb derer eigenverantwortlich agiert werden kann und der Ausgleich von ver- schiedenen Interessen – insgesamt ein positives Arbeitsklima, harmonische und gleichzeitig anregende Arbeit in flexiblen Teams und Netzwerken – so lässt sich die Vision einer modernen Führungskultur sowohl auf der Mitarbeiter- als auch auf der Führungsebene zusammenfassend charakterisieren."[110] Diese Veränderungen stoßen aber auch auf Gegenwehr. Nicht jede Führungskraft, aber auch nicht jeder Mitarbeiter ist bereit diese Entwicklung zu akzeptieren. Mit der Größe der Veränderung macht sich eine Verunsicherung breit. Dabei lassen sich Beschäftige in vier Kohorten gliedern:

---

[108] Vgl. Grabmeier, o. J.

[109] Vgl. Grabmeier, o. J.

[110] Vgl. Grabmeier, o. J.

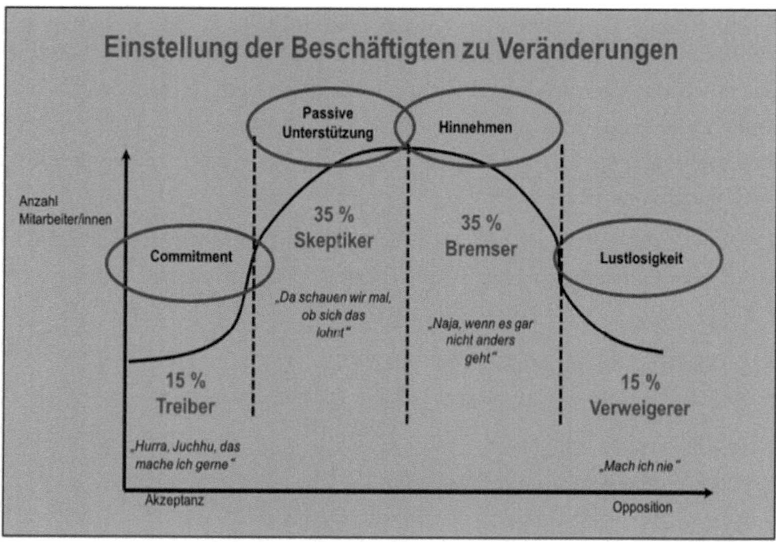

Abbildung 8: Akzeptanz der Beschäftigten bei anstehenden Veränderungen im Unternehmen[111]

15 Prozent der Mitarbeiter freuen sich über Neuerungen und treiben diese selbstständig an. Als „Treiber" stehen diese hinter Innovation und anstehenden Veränderungen, auch wenn es sie selber betrifft. Weitere 15 Prozent bestehen aus dem direkten Gegenteil der „Treiber". Die „Verweigerer" bremsen mit Lustlosigkeit die Veränderungswünsche der Organisation. Jeweils 35 Prozent stellen die „Skeptiker" und „Bremser" dar. Veränderungen werden von Bremsern einfach hingenommen. Eine aktive Mitgestaltung ist hier nicht vorhanden. Skeptiker unterstützen Veränderungen im Unternehmen, spüren aber eine gewisse Unsicherheit beim Erfolg des Vorgangs. Wie sich Arbeit 4.0 im Rahmen eines systematischen Change-Managements implementieren lassen kann, wird im olgenden Kapitel dargestellt.

---

[111] Vgl. Institut für Beschäftigung und Employability IBE: Erfolgsformel: Arbeiten 4.0 und Führung 4.0, in: IBE Ludwigshafen, [online] http://www.ibe-ludwigshafen.de/download/arbeitsschwerpunkte-downloads/digitalisierung/Erfolgsformel-Arbeiten-4.0-und-FuCC88hrung-4.0_NEU_2.pdf [05.04.2020].

4 Change-Management im Umfeld der Arbeit 4.0

Nach Prof. Dr. Gerhard Schwere ist Change-Management die „laufende Anpassung von Unternehmensstrategien und -strukturen an veränderte Rahmenbedingungen." Veränderungen sind heute keine gesonderten Vorgänge, sondern finden stetig in einem Unternehmen statt. Zu Change-Management werden Ansätze wie die Corporate Transformation und Business Transformation gezählt. Insbesondere werden diese im Business Process Reengineering betrachtet. Wie bereits in Kapitel 3.3.2 gezeigt wurde, steht das Change-Management im Spannungsfeld zwischen Unternehmen und Mitarbeitern.[112]

Möchte sich ein Unternehmen oder eine Organisation ändern und sich den eventuellen Gegebenheiten und Technologien der Industrie 4.0 anpassen, so ist ein sogenanntes Change-Management oder Veränderungsmanagement zwingend notwendig. Besonders wenn Menschen, Maschinen und Prozesse verändert werden sollen, stößt man hier auf Herausforderungen und Hindernisse, die nur durch ein methodisches Vorgehen lösbar sind. Diese Änderungsansätze werden durch unterschiedliche Herausforderungen an den Unternehmen motiviert:

- Wandel der Markt- und Wettbewerbssituation
  - Globalisierung der Wirtschaft
  - Zunahme von Marktdynamik und Marktunsicherheiten
  - Komplexität von Produkten und Dienstleistungen
- Technologische Fortschritte
  - Kostenverfall der Prozessorleistung
  - Zunehmende IT
- Wandel der Arbeitswelt und Gesellschaft

Dies sorgt nicht nur für Unsicherheiten bei den Mitarbeitern, sondern auch bei den Unternehmen. Nach Larkin besteht alle fünf bis 10 Jahre die Notwendigkeit einer Veränderung. Und dabei steht nicht das Unternehmen, sondern der Mensch im Mittelpunkt. Denn erst dieser wird diese Veränderung zulassen, weshalb es dringend notwendig ist eine positive Einstellung gegenüber Veränderungen bei Mitarbeitern zu erreichen, neue Prozesse effektiv zu steuern, die bevorstehenden Risiken durch

---

112 Vgl. Schewe, Prof. Dr. Gerhard : Change Management, in: Gabler Wirtschaftslexikon, [online] https://wirtschaftslexikon.gabler.de/definition/change-management-28354/version-251986 [03.04.2020].

diese Änderungen zu minimieren und sich final im Wettbewerb neu zu positionieren.[113]

„Unter Change-Management werden alle Aufgaben oder Maßnahmen verstanden, die eine nachhaltige Veränderung bewirken sollen, die dann der Umsetzung neuer Strategien, Strukturen, Verhaltensweisen in einer Organisation dient. Man versteht darunter also die Koordination einer Übergangsphase."[114]

Das fängt an mit kleinen Veränderungen in Prozessen an, bis hin zu einer ganzen Umwälzung einer Organisation. Meistens werden diese Entwicklungen von externen oder internen Parteien ausgelöst. Haben externe Eingriff auf eine Organisation, so ist dies meistens Teil einer umzusetzenden Beratungsleistung oder neue Gesetzeslagen, die das Unternehmen in Schwierigkeiten bringen, sofern es bei seinen konventionellen Methoden bleibt. Intern stützt sich das Veränderungsmanagement auf Mitarbeitermeinungen, die sich im Laufe des Unternehmens ergeben.[115]

Ziel ist dabei ein Problem im Geschäft zu lösen oder die Weiterentwicklung voranzutreiben. Die Kommunikation unter den Teilnehmern ist der Schlüssel zum Erfolg. Auch in Veränderungsprojekten führen verschiedene Wege zum Ziel. Dabei wird der Weg dahin sehr steinig und während des Veränderungsprozesses mit mangelnder Qualität und Produktivität zu rechnen. Umso besser wird diese nach einem erfolgreichen Change-Management. „Kommt ein qualifiziertes Change-Management zum Einsatz, lässt sich nicht nur ein signifikanter Teil des Produktivitätseinbruchs vermeiden, sondern auch die Dauer des Veränderungsprozesses minimieren."[116]

4.1 Chancen und Führungskonzepte

Eine Veränderung im Unternehmen kann nur mithilfe von Führungskräften durchgeführt werden. Sie kann aber auch durch Mitarbeiter ausgelöst werden. Vor allem wenn der Sprung in die Industrie 4.0 geschafft werden muss, ist ein systematisches Change-Management unabdingbar. Besonders hier spricht man nicht nur vom klas-

---

[113] Vgl. Uni Paderborn: Change Management, in: Uni Paderborn, [online] http://groups.uni-paderborn.de/psychologie/scha-Ansaetze_des_Change_Management.pdf [12.05.2020].

[114] Vgl. Startplatz: Der Change Management Prozess, in: Startplatz, [online] https://www.startplatz.de/startup-wiki/change-management/ [13.05.2020].

[115] Vgl. Startplatz, o. J.

[116] Vgl. BUNDESVERBAND DEUTSCHER UNTERNEHMENSBERATER (BDU) E. V.: CHANGE-LEITFADEN FÜR ENTSCHEIDER, in: bdu.de, [online] https://www.bdu.de/media/253694/fin_rz_leitfaden_changemanagement_einzel.pdf [13.05.2020].

sischen Change-Management, sondern in Zeiten der Digitalisierung von der digitalen Transformation. Dazu zählt die Implementierung neuer Strategien, Prozesse und Strukturen. Operative Prozesse durch Führungskräfte zu ändern genügt nicht, da die gesamte Belegschaft mobilisiert werden muss. Die Mitarbeiter müssen einbezogen werden, sodass aus der digitalen Transformation eine Chance wird und erkannt wird.[117]

Damit eine Chance wahrgenommen werden kann, müssen Führungskräfte bestehende Probleme erkennen. Ein verantwortliches Change-Team hilft bei der Initiierung des Change-Management Projekts. Nach Kurt Lewin gliedert sich ein Projekt in drei Phasen:

1. Unfreezing: In dieser Phase schaffen Sie die Bereitschaft für den Wandel
2. Changing: Diese Phase beschreibt den Veränderungsprozess selbst
3. Refreezing: In dieser Phase schaffen Sie Stabilität und lassen Ihre Mitarbeiter sich an die neue Situation gewöhnen[118]

---

[117] Vgl. smapOne AG: Erfolgreiches Change Management in Zeiten der Digitalisierung, in: smapOne, [online] https://www.smapone.com/blog/details/erfolgreiches-change-management-in-zeiten-der-digitalisierung/ [13.05.2020].

[118] Vgl. smapOne AG, o. J.

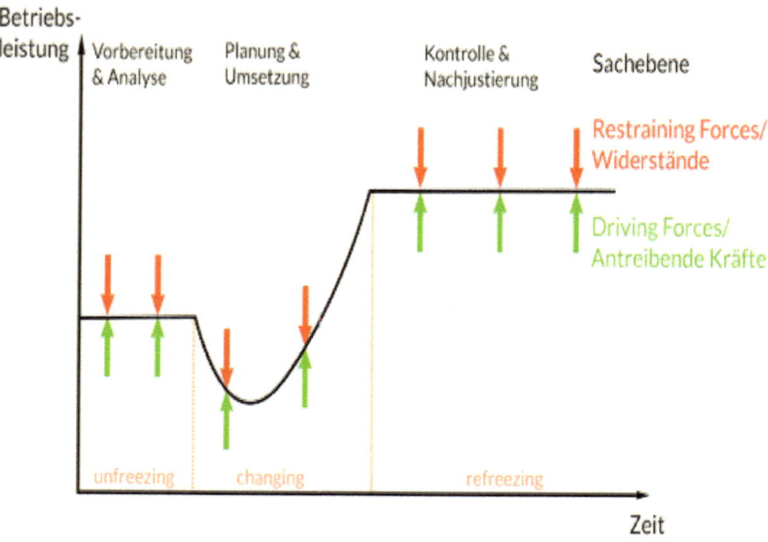

Abbildung 9: Veränderung der Leistung mit der Zeit und den Phasen unfreezing, changing und refreezing[119]

In der Abbildung wird deutlich: Zunächst muss eine Organisation „aufgetaut" werden. Hier setzen sich widerstrebende Kräfte der Organisation entgegen und halten das aktuelle Effizienzniveau für angemessen bzw. wollen nicht die konventionellen Strukturen lockern. In Phase 2 hingegen gelingt das Lösen von alten Strukturen, führt aber in der Realität zu einem Verlust an Effizienz. Mit dem Ziel die Effizienz anzuheben entwickelt sich in Phase 2 die angestrebte, erhöhte Effizienz. Mittels treibender Kräfte wird das Effizienzniveau auf diesem Level gehalten. Der Veränderungsprozess ist gelungen. Dabei ist wichtig zu beachten, dass soziale System nicht auf diese Weise verändert werden können, sondern extreme Vorarbeit nötig ist.

---

[119] Vgl. Lead&Conduct: Auftauen, ändern, stabilisieren: Change Management nach Kurt Lewin, in: Lead&Conduct, 25.05.2014, [online] https://lead-conduct.de/2014/05/25/change-management-kurt-lewin/ [13.05.2020].

Vor allem zu Beginn und in Phase 2 werden Reaktionen bei Mitarbeiter hervorgerufen, die von Euphorie, Indifferenz und Abwarten bis hin zum Verlassen des Unternehmens führen.[120]

Durch das Change-Management wird die Betriebsleistung nachträglich signifikant verbessert. Der temporäre Abfall der Betriebsleistung ist auf die Implementierung der Veränderung zurückzuführen. Durch die Mobilisierung der Mitarbeiter müssen Mitarbeiter überzeugt werden. Daher muss die Unternehmensführung mehrere Spannungsfelder lösen.

4.1.1 Spannungsfelder in der Unternehmensführung

Durch Arbeit 4.0 gewinnt das Thema Change-Management immer mehr an Bedeutung und muss durch Führungskräfte, die sich kontinuierlich neuen Spannungsfeldern aussetzen, bewältigt werden. Die Spannungsfelder werden in folgender Tabelle zusammengefasst:

Tabelle 1: Entgegengesetzte Spannungsfelder für die Führungskraft im Umfeld Führung 4.0[121]

Spannungsfeld 1	Spannungsfeld 2
Traditionelle Geschäftsmodelle	Digitale Geschäftsmodelle
Bewahren	Verändern
Innovations- und Qualitätsdruck	Kostendruck
Linienorganisation	Agile Organisation
Stationäre Arbeit	Mobile Arbeit
Erreichbarkeit	Verfügbarkeit
Berufliche Situation	Private Lebenssituation
Generation Baby Boomer (Digital Immigrants)	Generation X, Y und Z (Digital Native)
Kern-Team/-Belegschaft	Satelliten-Team/-Belegschaft
Transaktionaler Führungsstil (Management)	Transformationaler Führungsstil (Leadership)

Damit digitale Geschäftsmodelle neben traditionellen Geschäftsmodellen bestehen können, müssen Führungskräfte die richtigen Kompetenzen in das Unternehmen einbringen oder eigene Kompetenzen erweitern, sodass ein besseres Verständnis

---

[120] Vgl. Uni Paderborn, o. J.
[121] Vgl. Institut für Beschäftigung und Employability IBE, o. J.

für neue Trends in der Geschäftsmodellinnovation besteht, wie beispielsweise das Aufkommen der Plattform-Ökonomie (Zwei- oder Mehrseitiger Markt). So werden der Führungskraft neue Herausforderungen gestellt, die es zu bewältigen gibt, da Wettbewerbsvorteile dadurch geschaffen werden.[122]

"Insbesondere, wenn das Tätigkeitsspektrum von Beschäftigten über längere Zeit durch Routineaufgaben geprägt ist, wird die Veränderungsfähigkeit gelähmt. Je tiefer bestimmte Pfade eingetreten sind, desto schmerzhafter wird es wahrgenommen, diese zu verlassen und andere Wege einzuschlagen. Die Einstellung „Das haben wir schon immer so gemacht und warum sollen wir das jetzt anders machen?!" stellt jedoch ein hohes unternehmerisches Risiko dar, dessen Führungskräfte und Entscheidungsträger sich bewusst sein müssen."[123]

Auch Führungskräften werden neue Aufgaben zugeteilt, sodass Führungsaufgaben ganzheitlich begleitet werden müssen, damit Reaktionen wie Frustration und Ärger bei Mitarbeitern durch Mut und Enthusiasmus ersetzt werden und Selbstvertrauen geschafft wird (siehe Abbildung 6).

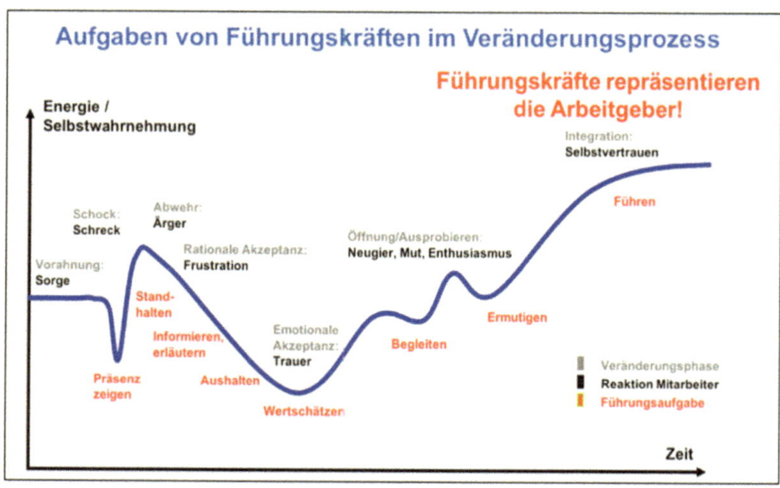

Abbildung 10: Änderung der Führungsaufgaben basierend auf Reaktion der Mitarbeiter[124]

122 Vgl. Institut für Beschäftigung und Employability IBE, o. J.
123 Vgl. Institut für Beschäftigung und Employability IBE, o. J.
124 Vgl. Institut für Beschäftigung und Employability IBE, o. J.

Da sich Unternehmen immer einem stetigen Innovationsausdruck unterwerfen, müssen Führungskräfte vor allem im Rahmen der Industrie 4.0 mit neuen Arbeit 4.0-Ansätzen eine Innovationskultur schaffen, die den Kostendruck auf der anderen Seite standhält. Transformationen in neue Technologien erfordern große Einkäufe von Kompetenzen und sind daher mit hohen Kosten verbunden. Damit ändert sich auch die Organisation, nämlich von einer Linienorganisation zu einer Agilen Organisation. „Agile Organisationsformen müssen im Umkehrschluss dazu beitragen, dass die Unternehmen in einer unvorhersehbaren Umwelt bessere und schnellere Entscheidungen als ihre Wettbewerber treffen können. Hierzu sollen im Gegensatz zu Funktional-, Sparten- oder Matrixorganisationen vor allem Aspekte wie Arbeitsteilung oder Differenzierung im Wertschöpfungsprozess vermieden werden."[125]

Somit ändert sich auch das Aufgaben- und Anforderungsprofil für Führungskräfte. Bevor dies jedoch geschieht, werden klassische Management-Methoden auf die Probe gestellt. Neue Führungsstile in Form des Leaderships kommen zum Vorschein und führen neue Philosophien ein, welche neue Skills und Einstellungen erfordern.[126]

Statt Leistungen zu kontrollieren und Anreize zu gestalten, damit Ziele eingehalten und gesetzt werden, spielen im Leadership-Stil Führungskräfte die vorbildliche Rolle und fördern Mitarbeiter und erlauben eine eigene Entwicklung derer.[127]

4.1.2 Steigerung der Produktivität

Durch den neuen Leadership-Stil und die mögliche Entwicklung des Einzelnen werden neue Chancen für das Unternehmen offenbart. In Form von Steigerung der Produktivität wird nicht nur das Ergebnis dem Arbeitsaufwand entgegengesetzt, sondern durch digitale Medien und neue Lernansätze, wie bereits erläutert, das Arbeitsergebnis messbar gemacht.[128] Die Erhöhung der Arbeitsproduktivität ist aber nicht nur auf die Veränderung auf der Führungsebene oder der Personalverantwortung zurückzuführen, sondern vielmehr auf die Nutzung von Technologie im Umfeld der Arbeit 4.0. Laut einer Studie von Haufe kann durch die Nutzung

---

[125] Vgl. Institut für Beschäftigung und Employability IBE, o. J.

[126] Vgl. Institut für Beschäftigung und Employability IBE, o. J.

[127] Vgl. Institut für Beschäftigung und Employability IBE, o. J.

[128] Vgl. Personio, o. J.

neuer Digitalisierungstechnologien ein Produktivitätsanstieg von 27 Prozent verzeichnet werden.[129]

Je geringer der Arbeitskräfteeinsatz oder je höher der Output ist, desto höher ist auch die Arbeitsproduktivität. Damit diese erhöht werden kann, müssen die Einflussfaktoren bekannt sein. Dazu zählen die Leistungsfähigkeit und deren Erhalt derer, die Leistungsbereitschaft des einzelnen Mitarbeiters, das Kapazitätsangebot und deren Ausnutzung durch den Mitarbeiter und des Unternehmens. Die Arbeitsorganisation spielt neben den genannten Einflussfaktoren ebenfalls eine große Rolle. „Um die Arbeitsproduktivität zu steigern, sind die Mitarbeiter zur richtigen Zeit am richtigen Arbeitsplatz produktiv einzusetzen."[130]

Damit die Leistungsfähigkeit der einzelnen Mitarbeiter erhalten oder gesteigert werden kann, muss das Unternehmen zeit- und unabhängiges Arbeiten ermöglichen und die Weiterbildung der einzelnen Mitarbeiter unterstützen. Durch Nutzung Digitaler Technologien bleibt sogar die Motivation erhalten und die Leistungsbereitschaft steigt ebenfalls. Durch eine hohe Motivation kann das Potenzial der einzelnen Mitarbeiter ausgeschöpft werden. Ist dies für das Unternehmen nicht zu schaffen, so muss das Kapazitätsangebot angepasst werden. Hier wird zwischen qualitativem und quantitativem Kapazitätsangebot unterschieden. Das quantitative Kapazitätsangebot umfasst die Anzahl der Mitarbeiter, die für die Erfüllung einer Aufgabe oder eines Outputs zuständig sind. Zusammen mit dem qualitativen Kapazitätsangebot, das heißt der Qualität der Arbeit, Qualifikation der Mitarbeiter und der Erfahrung wird das Angebot vergrößert und letztlich auch die Arbeitsproduktivität positiv beeinflusst. „Die Ausnutzung des Kapazitätsangebots bewertet die Auslastung der Arbeitskräfte und die Nutzung ihrer Leistungsfähigkeiten. Effektive Personaleinsatzplanung ermöglicht einen hohen Übereinstimmungsgrad zwischen Anforderungen und Fähigkeiten, was zu einer Steigerung der Arbeitsproduktivität führt."[131]

---

[129] Vgl. Haufe: Sieben Technologien ermöglichen Produktivitätssteigerung in Milliardenhöhe, in: Haufe, [online] https://www.haufe.de/controlling/controllerpraxis/produktivitaetssteigerung-durch-industrie-40-technologie_112_402804.html [13.05.2020b].

[130] Vgl. Institut für Energie- und Umwelttechnik e. V., Technische Universität München, Forschungsinstitut für Unternehmensführung, Logistik und Produktion: Modellierung eines Vorgehens zur Bedarfs- und Lückenanalyse zur Produktivitätssteigerung im Rahmen von Industrie 4.0 für KMU, in: uita.de, [online] https://www.iuta.de/igf-docs/abschlussbericht_18933n_a.pdf [13.05.2020].

[131] Vgl. Institut für Energie- und Umwelttechnik e. V., Technische Universität München, Forschungsinstitut für Unternehmensführung, Logistik und Produktion, o. J.

Besonders wenn die Arbeit von Zeit und Ort gelöst wird und ein mobiles Arbeiten durch Technologien ermöglicht wird, wird die Organisation agil und kann Projekte in einer kürzeren Zeit verwirklichen. Werden diese Einflussfaktoren ausgeschöpft und der Steigerung der Produktivität beigetragen, so kann dies einen anhalten Anstieg gewährleisten und eine volle Transformation zur Industrie 4.0 vollziehen.

4.1.3 Steigerung von Arbeitsfähigkeit und Gesundheit

Erst wenn die Mitarbeiter durch die Führungskräfte richtig befähigt werden, kann nicht nur die Arbeitsproduktivität gesteigert werden, sondern auch die anhaltende Gesundheit und Arbeitsfähigkeit. „Insbesondere im Hinblick auf den demografischen Wandel erkennen immer mehr Betriebe, dass sie die Gesundheit und Arbeitsfähigkeit der Beschäftigten erhalten und fördern müssen, um wettbewerbsfähig zu bleiben. Jedoch stellen sich viele die Frage, wie dies für die jeweilige Unternehmenssituation gelingen kann. Die Erfahrungen in der Praxis zeigen, dass hier ein ganzheitliches Betriebliches Gesundheitsmanagement (BGM) auf der Grundlage der geltenden gesetzlichen Regelungen sehr erfolgsversprechend ist."[132] Das BGM lässt sich dabei in drei Bereich gliedern:

1. Arbeitsschutz

2. Eingliederungsmanagement

3. Gesundheitsförderung

Werden diese in die Routinen der Unternehmensführung integriert, so wird eine kontinuierliche Arbeitsfähigkeit erreicht und eine durchgehend gesunde Belegschaft aus essentiellen Mitarbeitern gepflegt und vor allem im Unternehmen gehalten. Laut der Weltgesundheitsorganisation (WHO) wird besonders durch ein höheres Maß an Selbstbestimmung die Gesundheit aufrechterhalten und die Gesundheit sogar gestärkt. Damit spiegeln sich die Ansätze der Arbeit 4.0 in einem gesunden und motivierten Mitarbeiter wider, der sich selbstmotivierend weiterbildet und dem Unternehmen aus Führungssicht einen Mehrwert bietet.[133]

---

[132] Vgl. Giesert, Marianne / Tobias Reuter / Anja Liebrich: Arbeitsfähigkeit 4.0, in: Arbeitsfaehig.com, [online] https://www.arbeitsfaehig.com/uploads/z-neue%20Uploads/Literatur/Arbeits-%20und%20Beschäftigungsfähigkeit/Leseprobe%20Giesert-Arbeitsfaehigkeit-vier-null.pdf [13.05.2020].

[133] Vgl. Giesert et al., o. J.

4.1.4 Kooperation und Vernetzung

Durch die Digitalisierung der Arbeit werden nicht nur interne Prozesse verbessert und Mitarbeiter befähigt, sondern auch die Kommunikation zu anderen Unternehmen vereinfacht. Durch digitale Schnittstellen lassen sich auf diese Weise nicht nur einzelne Abteilungen innerhalb eines Unternehmens vernetzen (vertikale Integration), sondern es lässt sich auch unternehmensübergreifend mit anderen Unternehmen zusammenarbeiten (horizontale Integration). Sie bilden „die Basis für den effizienten Austausch von Daten zwischen internen und externen Akteuren, Maschinen und Werkstücken. Dadurch lassen sich nahezu alle Geschäftsprozesse auslagern. Das Ergebnis sind sich verschiebende Unternehmensgrenzen und die Entstehung virtueller Unternehmen."[134]

Wenn Netzwerke zur Kollaboration gebildet werden und Projektteams und Mitarbeitern in Unternehmen oder in verteilten Unternehmen parallel arbeiten können, kann die Arbeitsproduktivität langfristig gehalten werden. So rücken nicht nur Mitarbeiter näher zusammen, sondern auch Unternehmen. Um dies zu erreichen können nen auf verschiedenen Ebenen neue Initiativen gestartet werden:

- Arbeitskultur: Umgang mit Entgrenzung und Mobilität
- Arbeitsorganisation: Papierloses Büro und gelebte Kollaboration
- Führung: Neue flache Organisationsformen
- Bildung: Arbeiten = Lernen 4.0
- Networking: Transformation der Orte und Beziehungen
- Mensch-Maschine: Plattformen und Internet of Things
- Creative Thinking: User Experience und kreative Umgebung

Die Umsetzung der Initiativen, die bereits in mehreren Kapiteln angesprochen wurden, bergen auch Herausforderungen für das Führungsteam.[135]

---

[134] Vgl. Hottinger Baldwin Messtechnik GmbH: Zusammenarbeit effizienter gestalten: Horizontale und vertikale Vernetzung zwischen Unternehmen, in: hbm.com, [online] https://www.hbm.com/de/6265/horizontale-und-vertikale-vernetzung-zwischen-unternehmen/ [13.05.2020].

[135] Vgl. Hottinger Baldwin Messtechnik GmbH, o. J.

4.2 Herausforderungen für Führungskonzepte

Mit dem Change-Management in einem Unternehmen hin zu einem digitalen Unternehmen ergeben sich neue Führungskonzepte, die bereits erläutert wurden. In den gezeigten Spannungsfeldern, in denen sich sowohl Führungskräfte als auch Mitarbeiter bewegen, werden neue Kompetenzen gefordert. Führungskräfte müssen nach Simsa in erster Linie „sich selbst führen". Anschließend folgt die Führung der Mitarbeiter, sodass eine Zusammenarbeit gestaltet und die Organisation entwickelt werden kann. Das Ziel ist hierbei, die Aufgaben zu erfüllen und projektspezifische Ziele einzuhalten. Insgesamt wird dabei der strategische Rahmen gefestigt, sodass das Umfeld beobachtet und neue Trends erkannt werden können.[136] Die operative Umsetzung der Aufgaben und Einhaltung der Zeitpläne ist die Aufgabe der Mitarbeiter. Durch die innovativen Ansätze der Arbeit 4.0 und Industrie 4.0 werden auch Mitarbeiter überfordert und Manager vor Komplexitätsherausforderungen gestellt.

4.2.1 Überforderung der Mitarbeiter

In Kapitel 3 wurde gezeigt, welche Veränderungen mit der Arbeit 4.0 auf das Unternehmen und den Mitarbeitern zukommen. Das Unternehmen befindet sich im Wandel und ändert die Unternehmensorganisation. Hierarchien werden flacher, Prozesse standardisierter und transparenter. Neue Methoden wie das Agile Projektmanagement (siehe Kapitel 3.1.3) erhöhen die Geschwindigkeit der Projekte und sparen Zeit und Kosten. Ein gleichzeitiges mobiles und flexibles Arbeiten öffnet neue Chancen, insbesondere für Familien. Auch die Weiterbildung steht im Umbruch. Die Digitalisierung kann dabei auch den Mitarbeiter überfordern. Wenn neue Technologien in den Arbeitsalltag implementiert werden sollen, müssen hohe Hürden in Kauf genommen werden.[137]

Durch die erhöhte Geschwindigkeit der Organisation und die Ermöglichung des flexiblen und mobilen Arbeitens, wird eine kontinuierliche Erreichbarkeit nicht gefordert, aber durch das kollektive Nutzen der Kommunikationsmittel, auch über

---

136 Vgl. Simsa / Patak: Die sieben Aufgabenfelder der Führung – das Führungs-Puzzle, in: Linde Verlag, [online] https://www.lindeverlag.at/buch/leadership-in-non-profit-organisationen-6423/e/leseprobe/E00737.pdf [13.05.2020].

137 Vgl. Sopra Steria Consulting: DIGITALE ÜBERFORDERUNG IM ARBEITSALLTAG, in: digitaleschweiz.ch, [online] https://www.digitaleschweiz.ch/wp-content/uploads/2017/02/digitale-ueberforderung-im-arbeitsalltag.pdf [13.05.2020].

die Arbeitszeit hinaus gewünscht.[138] So verwischen „Grenzen zwischen Arbeits- und Privatleben".[139]

Die Abbildung von Richenhagen fasst dies zusammen. Durch neue Methoden und Ansätze im Umfeld der Arbeit 4.0 werden Mitarbeiter befähigt und Freiheiten wie orts- und zeitflexibles Arbeiten geboten, sodass aus Fähigkeiten Kompetenzen entstehen, welche aber nach Heyse/Erpenbeck zu einer Kompetenzübertreibung bei Mitarbeitern führen können:

Fähigkeit (Digitale Plattform)	Kompetenz (Heyse/Erpenbeck)	Kompetenzübertreibung (Heyse/Erpenbeck)
Selbständiges Arbeiten	Eigenverantwortung	Nimmt die eigene Arbeit zu ernst …
Technikverständnis	[Operative Kompetenz]	[Technikverliebt …]
Teamfähigkeit	Teamfähigkeit	Idealisiert Teamarbeit …
Kommunikationsfähigkeit	Kommunikationsfähigkeit	Verhält sich leutselig …
Selbststeuerung	Selbstmanagement	Verhält sich übermäßig selbstkontrolliert …
Grenzziehungskompetenz	Fleiß	Verhält sich wie ein „Workaholic" …

Abbildung 11: Übertreibung der Kompetenz aufgrund von Befähigung[140]

Mitarbeiter werden befähigt, selbstständig zu arbeiten. Ein Technikverständis wird vorausgesetzt. Gleichzeitig wird die Teamfähigkeit auf die Probe gestellt, da Kommunikationstechnologien die Kommunikation innerhalb und außerhalb des Unternehmens vereinfachen, aber auch intensivieren. Das Selbstmanagement muss zudem erst ausgeprägt werden. Diese Kompetenzen können „übertrieben" werden und gesundheitlichen Schaden zufügen.[141]

---

138 Vgl. Sopra Steria Consulting, o. J.

139 Vgl. Hans-Böckler-Stiftung: Digitaler Stress in Deutschland, in: boeckler.de, [online] https://www.boeckler.de/pdf/p_fofoe_WP_101_2018.pdf [13.05.2020].

140 Vgl. FOM Hochschule: Arbeit 4.0, in: FOM, [online] https://www.fom.de/fileadmin/fom/forschung/ifpm/ifpm_14072016.pdf [13.05.2020].

141 Vgl. FOM Hochschule, o. J.

Ein erhöhter Stress („Digitaler Stress") ergibt sich durch die Digitalisierung. Statt Prozesse zu vereinfachen und Arbeitsabläufe effizienter zu gestalten, werden Mitarbeiter beim Auftreten eines Problems einer hohen Komplexität ausgesetzt, die selbstständig nicht zu lösen ist.[142] Nimmt der digitale Stress zu, so kann dies auch zu Rücken- und Kopfschmerzen führen.

Hier kann ein Betriebliches Gesundheitsmanagement (BGM) eingeführt werden, welche Aktivitäten zur Verbesserung der physischen und psychischen Arbeitsgesundheit bereithalten, die mit Hilfe von Methoden der Managementlehre gesteuert werden.[143] Bisher sind bekannte BGM-Methoden reaktiv-operativ eingesetzt worden (siehe Abbildung 8). Dabei werden bestehen Probleme auf gesundheitlicher Ebene aufgegriffen und in Einzelmaßnahmen gelöst.[144]

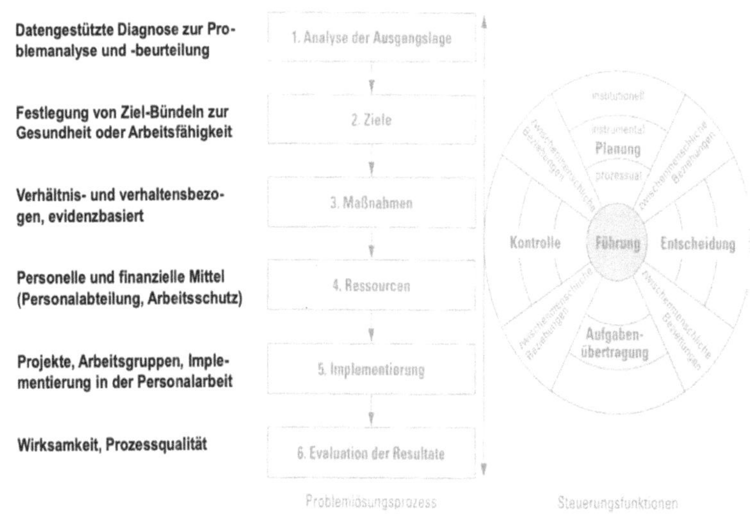

Abbildung 12: Reaktiv-operativer Ansatz des BGM[145]

---

[142] Vgl. Hans-Böckler-Stiftung, o. J.

[143] Vgl. FOM Hochschule, o. J.

[144] Vgl. FOM Hochschule, o. J.

[145] Vgl. FOM Hochschule, o. J.

Ein weiterer Effekt ergibt sich bei der Implementierung digitaler Technologien. Werden neue Programme im Büroalltag eingeführt oder neue Methoden umgesetzte, so kann dies kurzfristig die berufliche Leistung verringern. Dies hat nicht nur einen negativen Einfluss auf den Mitarbeiter, sondern auch auf das Team und das gesamte Unternehmen.

Deswegen ist es zunächst wichtig die Mitarbeiter ausreichend zu qualifizieren. „Der digitale Wandel wird die Anforderungen an die Mitarbeiter über sämtliche Wertschöpfungsstufen hinweg – von der Entwicklung über die Produktion bis hin zum Vertrieb verändern. Prozesse und Geschäftsmodelle werden durch die zunehmende Digitalisierung agiler und datengetriebener und verlangen von den Mitarbeitern völlig neue Fähigkeiten und Qualifikation."[146] Vor allem werden heute nicht nur Office-Programme eingesetzt, sondern weitaus mehr Programme wie ERP- oder CRM-Software, welche den Alltag beherrschen. Neue Kommunikationsmittel wie Web-Meetings- oder Video-Lösungen erleichtern die schnelle Kontaktaufnahme zu Kollegen und können den Arbeitsalltag stressiger gestalten.[147]

„Für eine Arbeitswelt 4.0 benötigen die Beschäftigen Hilfestellung, wie sie der Ablenkung widerstehen und mit Tool-Vielfalt zurechtzukommen. Unternehmen unterschätzen hier häufig den Lernbedarf und strapazieren dabei die Aufnahmebereitbereitschaft ihrer Teams."[148]

4.2.2 Management von Komplexität, Veränderung und Innovation

Das Change-Management muss auf die vollständige Durchdringung der Unternehmen ausgerichtet werden. Dabei müssen Produkte und Dienstleistungen neugestaltet werden und die gleichzeitige Vernetzung der Industrie in den Vordergrund gestellt werden. „Diese Veränderung führt zu neuen Produkten und Diensten, die das Leben und Arbeiten aller Menschen verändern und natürlich erst recht auch ihren Umgang mit Produkten, Technik und Technologien. Sie verlangt aber auch

---

[146] Vgl. Schneider, Michael: Führung im Zeitalter von Industrie 4.0 - Chancen ergreifen und Herausforderungen meistern, in: HS Mittweida, [online] https://monami.hs-mittweida.de/frontdoor/deliver/index/docId/9285/file/BACHELORARBEIT+Bib..pdf [13.05.2020].

[147] Vgl. Krämer, Urs M.: Infografik über digitale Überforderung, in: Digitale-Exzellenz, [online] https://www.digitale-exzellenz.de/infografik-uber-digitale-uberforderung/) [13.05.2020].

[148] Vgl. Krämer, o. J.

eine grundlegende Veränderung und Anpassung der industriellen Produktentwicklung und Produktion, um die neuen Technologien qualitativ hochwertig einsetzen und wirtschaftlich nutzbringend umzusetzen."[149]

Die Beharrungskräfte in einer Organisation sind meist sehr stark. Die Geschäftsleitung und das Management können Veränderungen im Unternehmen nicht einfach anordnen und durchsetzen. Denn Veränderungen provozieren Verunsicherung und Ängste in der Belegschaft. Folgende Faktoren führen zu starkem Widerstand:

- Radikale und durchgreifende Veränderungen: Viele Mitarbeiter sind betroffen und alle müssen ihr Verhalten erheblich verändern oder brauchen neue Kompetenzen.

- Unerwartete und plötzliche Veränderungen: Die Mitarbeiter haben mit den Veränderungen gar nicht gerechnet, alles soll jetzt sehr schnell gehen.

- Veränderungen mit potenziell negativen Konsequenzen für beteiligte Personen: Arbeitsplätze können durch die Veränderung verloren gehen, Mitarbeiter müssen ganz neue Aufgaben übernehmen, die Arbeitsbelastung wird steigen, Stress nimmt zu.

- Veränderungen, wenn ein starkes Vertrauen in die gegenwärtige Lage herrscht: Die Betroffenen können die Gründe und den Sinn der Veränderung nicht erkennen. Nach ihrer Ansicht funktioniert das Bestehende sehr gut.

- Veränderungen, bei denen das Ziel diffus ist: Die Betroffenen können nicht erkennen, wohin der Wandel führen soll. Es bleibt unklar, welcher Zustand am Ende erreicht werden soll.

---

[149] Vgl. Sendler, Ulrich: Industrie 4.0– Beherrschung der industriellen Komplexität mit SysLM (Systems Lifecycle Management), in: Researchgate, [online] https://www.researchgate.net/profile/Ulrich_Sendler/publication/278702014_Industrie_40-_Beherrschung_der_industriellen_Komplexitat_mit_SysLM_Systems_Lifecycle_Management/links/55d4447008ae0b8f3ef942e1.pdf [09.05.2020].

- Veränderungen in Organisationen, die negative Erfahrungen damit gemacht haben: Die Mitarbeiter haben schon viele Change-Projekte mitgemacht, die am Ende gescheitert sind. Die angestrebten Ziele wurden nicht erreicht, die Stimmung im Unternehmen hat sehr gelitten, und viele haben nur Nachteile durch die Veränderung gehabt."[150]

Damit Veränderungen gelingen, müssen Projektabläufe im Change-Management fest in der Unternehmenskultur verankert sein. Sonst droht ein Misslingen, sei es von Mitarbeitern initiiert oder vom Top-Management.

---

[150] Vgl. Fleig, Dr. Jürgen : Was ist Change-Management oder Veränderungsmanagement?, in: Business-Wissen, [online] https://www.business-wissen.de/hb/was-ist-change-management-oder-veraenderungsmanagement/ [07.05.2020].

5 Fazit und Ausblick

Zunehmende Digitalisierung bietet neben Chancen auch neue Herausforderungen für Unternehmen dieser Welt. Sei es im produzierenden oder handelnden Gewerbe, Prozesse und Geschäftsmodelle werden grundlegend verändert. Damit müssen sich nicht nur Unternehmen anpassen, sondern vor allem die Führungskräfte und die Mitarbeiter. Ohne die Befähigung und Mobilisation der Belegschaft ist eine nachhaltige Veränderung nicht möglich. Systematische Change-Management Vorgänge sind ein erster Schritt zur Implementierung neuer Prozesse und Geschäftsmodellinnovationen. Besonders Führungskräfte werden auf die Probe gestellt und müssen traditionelle und bekannte Führungsstile anpassen und einen Leadership-Stil annehmen. Statt das Unternehmen klassisch zu führen, muss eine Vorbildfunktion und Rolle eingenommen werden, die Mitarbeiter motiviert, bei der vollen Potenzialentfaltung unterstützt und selbstbestimmte Weiterbildungsmöglichkeiten aufzeigt.

Durch die Industrie 4.0 werden nicht nur Unternehmen einem technischen Wandel unterworfen, sondern auch Unternehmen modularisiert und Prozesse standardisiert. Agile Projektmanagement Methoden helfen bei der schnellen Umsetzung von Produktentwicklung und verringern Zyklen, sodass die Nachfrage auf der Kundenseite schneller und flexibler bedient werden kann. Gesamte Branchen wandeln sich und stellen bekannte Tätigkeiten in Frage. Ob der Mensch nun ausgedient hat und langfristig durch einen Roboter oder eine Künstliche Intelligenz ersetzt wird, wirft Fragen auf, sodass Mitarbeiter Technologien und die Digitalisierung als eine Bedrohung sehen. Dies stellt den eigentlichen Prozess des Change-Managements als Herausforderung dar. Währenddessen versuchen das Change-Management und die Führungskräfte der Unternehmen die Arbeitsproduktivität zu steigern und eine kontinuierliche Arbeitsfähigkeit zu gewährleisten. Inwiefern Technologie einen Einschnitt in der Belegschaft bedeuten wird, wird die Zukunft zeigen. Erste Überforderungen mit der Technologie sind abzusehen.

Während sich das Unternehmen wandeln muss, um den Wettbewerbern voraus zu sein, werden Mitarbeiter gezwungen, sich von alten Strukturen zu lösen und neue Positionen aufzunehmen. Daher stellt sich besonders die Frage, inwiefern Unternehmen auf den technologischen Wandel reagieren werden und agiler werden, denn das Management der technologischen Komplexität wird immer schwieriger.

Quellenverzeichnis

BITKOM Bundesverband Informationswirtschaft, Telekommunikation und
neue Medien e. V.: Big-Data-Technologien – Wissen für Entscheider, in: Bit-
kom.org, [online] https://www.bitkom.org/sites/default/files/file/im-
port/140228-Big-Data-Technologien-Wissen-fuer-Entscheider.pdf
[15.04.2020].

blink.it GmbH & Co. KG: Personalentwicklung 4.0 - Neue Anforderungen in der
Zukunft, in: blink.it, [online] https://www.blink.it/blog/personalentwick-
lung-4-0-neue-anforderungen-in-der-zukunft [22.03.2020].

Boczan, Dr. Olaf: Projektmanagement: Einführung in das agile Projektmanagement, in: https://w3-mediapool.hm.edu, 24.09.2017, [online] https://w3-
mediapool.hm.edu/mediapool/media/fk07/fk07_lokal/diefakultt_4/an-
sprechpartner_2/lehrbeauftragte_2/boczan/vorlesungen/projektma-
nagement_2/Einfuehrung_in_das_agile_Projektmanagement.pdf
[05.04.2020].

Bundesministerium für Wirtschaft und Energie (BMWi): Agiles Arbeiten, in:
Zvei, 09.2019, [online] https://www.zvei.org/fileadmin/user_up-
load/Themen/Bildung_Forschung/Agiles_Arbeiten_moderne_Lernkultu-
ren_und_kuenstliche_Intelligenz/Agiles_Arbeiten_Impulspapier_2019-11-
13.pdf [01.04.2020].

Bundesverband der Personalmanager e.V.: Personalmanagement 4.0, in:
bpm.de, [online] https://www.bpm.de/sites/default/files/bpm_ab-
schlusspapier_pm40_ansicht.pdf [11.04.2020].

BUNDESVERBAND DEUTSCHER UNTERNEHMENSBERATER (BDU) E. V.:
CHANGE-LEITFADEN FÜR ENTSCHEIDER, in: bdu.de, [online]
https://www.bdu.de/media/253694/fin_rz_leitfaden_changemanage-
ment_einzel.pdf [13.05.2020].

Doerries, Florian / Henning Schöpper / Sebastian Lodemann: Arbeit 4.0 - Wie
Unternehmen den Wandel aktiv gestalten können, in: Researchgate,
01.05.2019, [online] https://www.researchgate.net/publica-
tion/336917656_Arbeit_40_-_Wie_Unternehmen_den_Wandel_aktiv_ge-
stalten_konnen [01.05.2020].

Evers, Katrin: LERNEN 4.0 – ERFOLGREICH IN DIE ZUKUNFT!, in: Haufe Akademie, [online] https://www.haufe-akademie.de/blog/themen/personalentwicklung/lernen-4-0-erfolgreich-in-die-zukunft/ [02.04.2020].

Fleig, Dr. Jürgen : Was ist Change-Management oder Veränderungsmanagement?, in: Business-Wissen, [online] https://www.business-wissen.de/hb/was-ist-change-management-oder-veraenderungsmanagement/ [07.05.2020].

FOM Hochschule: Arbeit 4.0, in: FOM, [online] https://www.fom.de/fileadmin/fom/forschung/ifpm/ifpm_14072016.pdf [13.05.2020].

Giesert, Marianne / Tobias Reuter / Anja Liebrich: Arbeitsfähigkeit 4.0, in: Arbeitsfaehig.com, [online] https://www.arbeitsfaehig.com/uploads/z-neue%20Uploads/Literatur/Arbeits-%20und%20Beschäftigungsfähigkeit/Leseprobe%20Giesert-Arbeitsfaehigkeit-vier-null.pdf [13.05.2020].

Grabmeier, Stephan: New Leadership – Führung in der Arbeitswelt 4.0, in: Innovation-Evangelists, [online] http://innovation-evangelists.com/fileadmin/Dateien/PDF/Artikel/New_Leadership_-_Fuehrung_in_der_Arbeitswelt_4.0.pdf [23.04.2020].

Hans-Böckler-Stiftung: Digitaler Stress in Deutschland, in: boeckler.de, [online] https://www.boeckler.de/pdf/p_fofoe_WP_101_2018.pdf [13.05.2020].

Haufe: Agiles Lernen, Lernen 4.0, New Learning: Definition und Abgrenzung, in: Haufe, [online] https://www.haufe.de/personal/hr-management/agiles-lernen/agiles-lernen-lernen-40-new-learning-definition-abgrenzung_80_513354.html [08.03.2020a].

Haufe: Sieben Technologien ermöglichen Produktivitätssteigerung in Milliardenhöhe, in: Haufe, [online] https://www.haufe.de/controlling/controllerpraxis/produktivitaetssteigerung-durch-industrie-40-technologie_112_402804.html [13.05.2020b].

Haufe Akadamie: Personal binden und entwickeln, in: haufe-akademie.de, [online] https://www.haufe-akademie.de/downloads_shop/documents/5077.pdf [28.04.2020].

Herzog, Christoph: Was ist Personalentwicklung? Eine Definition, in: Haufe, [online] https://www.umantis.com/blog/was-ist-personalentwicklung-eine-definition [24.03.2020].

Hilsenbeck, Thomas: Personalentwicklung Eine Einführung, in: http://www.thomas-hilsenbeck.de, [online] http://www.thomas-hilsenbeck.de/wp-content/uploads/Dr-Th-Hilsenbeck-Handbuch-Personalentwicklung-Vers-8_0.pdf [24.04.2020].

Hottinger Baldwin Messtechnik GmbH: Zusammenarbeit effizienter gestalten: Horizontale und vertikale Vernetzung zwischen Unternehmen, in: hbm.com, [online] https://www.hbm.com/de/6265/horizontale-und-vertikale-vernetzung-zwischen-unternehmen/ [13.05.2020].

Hummel, Prof. Dr.-Ing. Vera: Geschäftsmodelle für die Industrie 4.0 Erfolgsfaktoren, Hindernisse und Anwendungsbeispiele, in: esb-business-school, [online] https://www.esb-business-school.de/fileadmin/user_upload/Fakultaet_ESB/Forschung/Wertschoepfungs-_und_Logistiksysteme/ESB_Business_School_GENI40_Studie_Geschaeftsmodelle_fuer_die_Industrie_40.pdf [11.04.2020].

Institut für Beschäftigung und Employability IBE: Erfolgsformel: Arbeiten 4.0 und Führung 4.0, in: IBE Ludwigshafen, [online] http://www.ibe-ludwigshafen.de/download/arbeitsschwerpunkte-downloads/digitalisierung/Erfolgsformel-Arbeiten-4.0-und-FuCC88hrung-4.0_NEU_2.pdf [05.04.2020].

Institut für Energie- und Umwelttechnik e. V., Technische Universität München, Forschungsinstitut für Unternehmensführung, Logistik und Produktion: Modellierung eines Vorgehens zur Bedarfs- und Lückenanalyse zur Produktivitätssteigerung im Rahmen von Industrie 4.0 für KMU, in: uita.de, [online] https://www.iuta.de/igf-docs/abschlussbericht_18933n_a.pdf [13.05.2020].

Institut für Sozial- und Wirtschaftswissenschaften: Digitalisierung der Arbeit: Welche Revolution?, in: Renner-Institut, 04.2016, [online] https://www.renner-institut.at/fileadmin/user_upload/images_pdfs/themen/fokus_2017_zukunft_der_arbeit/WISO_LF_Flecker_Schönauer_Riesenecker-Caba_4_16.pdf [22.04.2020].

Krämer, Urs M.: Infografik über digitale Überforderung, in: Digitale-Exzellenz, [online] https://www.digitale-exzellenz.de/infografik-uber-digitale-uberforderung/) [13.05.2020].

Lead&Conduct: Auftauen, ändern, stabilisieren: Change Management nach Kurt Lewin, in: Lead&Conduct, 25.05.2014, [online] https://lead-conduct.de/2014/05/25/change-management-kurt-lewin/ [13.05.2020].

MA&T Organisationsentwicklung GmbH: Neues Führungslevel mit „Führung 4.0", in: Perwiss, [online] https://www.perwiss.de/fuehrung-4-0.html [07.03.2020].

Personio: Arbeit 4.0: Bedeutung, Auswirkungen, Herausforderungen, in: Personio, [online] https://www.personio.de/hr-lexikon/arbeit-4-0/#5 [12.05.2020].

Raven51 AG: Recruiting 4.0, in: raven51.de, [online] https://raven51.de/wiki/recruiting-4-0/) [13.04.2020].

Sauter, Werner: 2017 – Paradigmenwechsel zu digitalisierten Lernkonzeptionen?, in: BlendedSolutions, [online] https://blendedsolutions.wordpress.com/2017/01/08/2017-paradigmenwechsel-zu-digitalisierten-lernkonzeptionen/#comments [04.04.2020].

Schewe, Prof. Dr. Gerhard : Change Management, in: Gabler Wirtschaftslexikon, [online] https://wirtschaftslexikon.gabler.de/definition/change-management-28354/version-251986 [03.04.2020].

Schneider, Michael: Führung im Zeitalter von Industrie 4.0 - Chancen ergreifen und Herausforderungen meistern, in: HS Mittweida, [online] https://monami.hs-mittweida.de/frontdoor/deliver/index/docId/9285/file/BACHELORARBEIT+Bib..pdf [13.05.2020].

Sendler, Ulrich: Industrie 4.0– Beherrschung der industriellen Komplexität mit SysLM (Systems Lifecycle Management), in: Researchgate, [online] https://www.researchgate.net/profile/Ulrich_Sendler/publication/278702014_Industrie_40-_Beherrschung_der_industriellen_Komplexitat_mit_SysLM_Systems_Lifecycle_Management/links/55d4447008ae0o8f3ef942e1.pdf [09.05.2020].

Simsa / Patak: Die sieben Aufgabenfelder der Führung – das Führungs-Puzzle, in: Linde Verlag, [online] https://www.lindeverlag.at/buch/leadership-in-non-profit-organisationen-6423/e/leseprobe/E00737.pdf [13.05.2020].

smapOne AG: Erfolgreiches Change Management in Zeiten der Digitalisierung, in: smapOne, [online] https://www.smapone.com/blog/details/erfolgreiches-change-management-in-zeiten-der-digitalisierung/ [13.05.2020].

softgarden e-recruiting GmbH: Recruiting, in: softgarden.de, [online]
https://www.softgarden.de/ressourcen/glossar/recruiting/
[22.04.2020].

Sopra Steria Consulting: DIGITALE ÜBERFORDERUNG IM ARBEITSALLTAG, in:
digitaleschweiz.ch, [online] https://www.digitaleschweiz.ch/wp-con-
tent/uploads/2017/02/digitale-ueberforderung-im-arbeitsalltag.pdf
[13.05.2020].

Speidel, Prof. Dr. Valentina: ZUKÜNFTIGE AUSRICHTUNG DER PERSONALENT-
WICKLUNG, in: DGFP, [online] https://www.dgfp.de/fileadmin/user_up-
load/DGFP_e.V/Medien/Publikationen/Praxispapiere/201901_Praxispa-
pier_Zukunft.pdf [06.04.2020].

Startplatz: Der Change Management Prozess, in: Startplatz, [online]
https://www.startplatz.de/startup-wiki/change-management/
[13.05.2020].

Technische Universität Dresden: Industrie 4.0 – Disruptive Geschäftsmodellinnovation oder „nur" Geschäftsprozessoptimierung?, in: Researchgate, [on-
line] https://www.researchgate.net/publication/320616893_Indust-
rie_40_-_Disruptive_Geschaftsmodellinnovation_oder_nur_Geschaftspro-
zessoptimierung [11.05.2020].

Uni Paderborn: Change Management, in: Uni Paderborn, [online]
http://groups.uni-paderborn.de/psychologie/scha-An-
saetze_des_Change_Management.pdf [12.05.2020].

XING E-Recruiting GmbH & Co. KG: Recruiting 4.0: Unternehmenserfolg durch
digitale Personalgewinnung, in: Strimgroup, [online] https://www.strim-
group.com/wp-content/uploads/2018/01/studie-whitepaper-re-
cruiting4.pdf [14.04.2020].

ZHAW Zürcher Hochschule für Angewandte Wissenschaften IAP Institut für
Angewandte Psychologie: IAP Studie 2017 – Der Mensch in der Arbeitswelt 4.0, in: zhaw.ch, 2017, [online] https://www.zhaw.ch/storage/psy-
chologie/upload/iap/studie/IAP_STUDIE_2017_final.pdf [06.04.2020].